预科汉语强化教程系列

Intensive Chinese for Pre-University Students

听力课本
Listening

总主编 王尧美 李 安
主 编 蔡 燕
副主编 孙雪霄 尹彤迪
编著者 蔡 燕 矫雅楠 尹彤迪 孙雪霄

北京语言大学出版社
BEIJING LANGUAGE AND CULTURE
UNIVERSITY PRESS

© 2020 北京语言大学出版社，社图号 19189

图书在版编目（CIP）数据

预科汉语强化教程系列听力课本．3 / 蔡燕主编；蔡燕等编著．－－北京：北京语言大学出版社，2020.1
预科汉语强化教程系列 / 王尧美，李安总主编
ISBN 978-7-5619-5601-4

Ⅰ.①预… Ⅱ.①蔡… Ⅲ.①汉语－听说教学－对外汉语教学－教材 Ⅳ.① H195.4

中国版本图书馆 CIP 数据核字 (2019) 第 286735 号

预科汉语强化教程系列　听力课本 3
YUKE HANYU QIANGHUA JIAOCHENG XILIE TINGLI KEBEN 3

项目负责：张维嘉	**责任编辑**：武传霞
英文编辑：望　震	**英文翻译**：孙齐圣
装帧设计：张　娜	**插图绘制**：漫中文·郭爱婷
责任印制：周　燚	**排版制作**：北京创艺涵文化发展有限公司

出版发行：北京语言大学出版社
社　　址：北京市海淀区学院路 15 号，100083
网　　址：www.blcup.com
电子信箱：service@blcup.com
电　　话：编辑部　8610-82303647/3592/3724
　　　　　　国内发行　8610-82303650/3591/3648
　　　　　　海外发行　8610-82303365/3080/3668
　　　　　　北语书店　8610-82303653
　　　　　　网购咨询　8610-82303908
印　　刷：天津嘉恒印务有限公司

版　次：2020 年 1 月第 1 版		**印　次**：2020 年 1 月第 1 次印刷	
开　本：889 毫米 × 1194 毫米 1/16		**印　张**：13.5	
字　数：211 千字		**定　价**：55.00 元	

PRINTED IN CHINA

编写说明

《预科汉语强化教程系列　听力课本》是一套紧扣《HSK考试大纲》(以下简称《HSK大纲》)和《中国政府奖学金本科来华留学生预科教育结业考试》大纲（以下简称《预科考试》大纲），实现"即学即用"和"学考结合"教学思想的初、中级汉语听力教材。本教材既可作为来华学习理工类、文史类本科专业预科生的汉语听力课本，也可作为来华长期语言进修生初、中级阶段的汉语听力课本，亦适用于希望通过HSK考试一至五级的汉语学习者。

一、编写理念

本套教材以《HSK大纲》和《预科考试》大纲的话题大纲为主线，兼顾任务大纲来设计课文主题，课文内容取材于真实的汉语交际情境，实现HSK一至五级词汇大纲和《预科考试》大纲300句全覆盖，努力实现"即学即用"和"学考结合"的教学目标。

二、适用对象

本套教材第1册适用于汉语零起点学习者。第2册适合学过第1册或掌握250～300个汉语词语的学生使用。第1、2册基本覆盖HSK三级词汇。第3册适合学过第2册或掌握550～600个汉语词语的学生使用。第4册适合学过第3册或掌握850～900个汉语词语的学生使用。第3、4册基本覆盖HSK四级词汇。第5、6册基本覆盖HSK五级词汇。

三、教材特点

1.《HSK大纲》话题全覆盖，真实汉语语料输入，实现"即学即用"

课文内容贴近日常生活，一课一个话题，同时兼顾真实性和趣味性，让学习者在《HSK大纲》规定的语言项目范围内，以原汁原味的汉语文本为材料，学习地道的汉语。每课的练习部分题型丰富，进一步巩固语言输入效果；同时参考HSKK考试题型，兼顾语言输出的操练；还专门设计了口语练习题型，促进学生进行有效的语言输出。

2.《HSK大纲》词汇全覆盖，HSK题型全覆盖，实现"学考结合"

本套教材不仅全面覆盖HSK一至五级的词汇大纲，也全面覆盖HSK一至五级的考试题型，可以实现课堂教学和HSK考试的无缝衔接。教师还可以直接利用教材中的习题指导学生备考，从而大大提高教学效率。

四、编写体例

本套听力教材共有 6 册。严格依据《HSK 大纲》的规定，第 1、2 册全面覆盖 HSK 一至三级话题大纲、600 个词，涉及部分四级词。第 3、4 册全面覆盖 HSK 四级话题大纲、1200 个词，涉及部分四级以上的词。第 5、6 册全面覆盖 HSK 五级话题大纲、2500 个词，涉及部分五级以上的词。

每册教材均为 16 课，其中第 1 册前 4 课为语音预备课。除语音预备课的 4 课以外，每课构成如下：

1. 头脑风暴

头脑风暴为 2～3 个与课文主题相关的有趣话题，可用于激活学生的背景知识和导入新课，学生可以在回答的过程中完成本课相关生词的预热。考虑到学习者使用汉语的实际能力，头脑风暴部分从第 2 册开始出现。

2. 课文与练习

每课包含两篇课文。第 1、2 册中的课文为同一主题下的两段对话，其主题紧密配合本系列综合课本第 1、2 册的主题，充分起到复现生词、拓展话题的作用。第 3、4 册中的课文也是同一主题下的两段对话，第 5、6 册中的课文包括同一主题下的两段对话和一篇短文，但在课文长度、词汇丰富性、语言点覆盖率等方面均有所提升。

练习部分题型丰富多样，包括听后判断对错、听后选择正确答案、填空、回答问题等。此外，教材还特别设计了根据给出的关键词复述课文的练习，与 HSKK 所考查的口头复述题型相吻合。这既体现了"听说结合"的编写理念，也体现了"学考结合"的设计思想。

3. 我来说吧

"我来说吧"是在听力课文之后的口语练习部分，形式为 1～2 个与本课话题相关的问答题或者小型活动。它是对听力练习的延伸和拓展，也是"即学即用"编写理念的体现。在听力输入的基础上，学生可以通过多种方式的口语练习进行有效输出，这是检验其学习效果的有效方式。

4. 挑战一下吧

"挑战一下吧"为紧扣 HSK 三至五级听力题型而设计的习题。在内容上，这些习题与该课的主题紧密相关，进一步延展主题的范围；在题型上，随着教材从第 1 册到第 6 册知识难度的不断推进，题型设计也从 HSK 三级向 HSK 五级的题型逐渐过渡，涵盖选择正确的图片、听句子判断对错、听对话及短文选择正确答案等。

另外，每课的生词分为两部分，分别置于课文一和课文二的练习之前，生词分别保持在

15 个左右，全部来自《HSK 大纲》，亦有部分特例词和减字默认词。每个词均给出拼音、词性和英文释义。书后附有听力文本及参考答案。

五、课时安排

第 1 至 4 册每课的教学时长建议为 2 课时。如果听力课程为 4 课时 / 周，那么一个学期（以 16 周计）可以完成第 1、2 册听力课本的教学；如果听力课程为 6 课时 / 周，那么一个学期（以 16 周计）可以完成第 1、2、3 册听力课本的教学。第 5、6 册每课的教学时长建议 6 课时，一个学期可完成 1 册的教学。

教师可以根据具体的教学情况，如课时量或对听力和口语练习的不同侧重，对课文、"我来说吧"和"挑战一下吧"这 3 个部分进行选用；也可以对课文设计一部分精讲内容，例如可以重点讲解课文中的某个对话，而把其他部分作为课后作业等。

北京语言大学刘珣教授、崔永华教授等专家为本套教材提出了诸多宝贵的修改意见，在此致以衷心的感谢！李昊天、杜文倩、李安、连佳、蔡燕等一线教师对本教材的初稿进行了课堂试用，并根据师生反馈的意见对教材进行了进一步的修改，在此一并感谢！

恳请广大师生在使用本教材的过程中提出宝贵意见！

编者

2019 年 1 月

语法术语缩略形式一览表

缩略形式 Abbreviations	英译 Grammar Terms in English	中文名称 Grammar Terms in Chinese	拼音 Grammar Terms in *Pinyin*
Adj	Adjective	形容词	xíngróngcí
Adv	Adverb	副词	fùcí
AsPt	Aspect Particle	动态助词	dòngtài zhùcí
C	Complement	补语	bǔyǔ
Conj	Conjunction	连词	liáncí
IE	Idiomatic Expression	习惯用语	xíguàn yòngyǔ
M	Measure Word	量词	liàngcí
MdPt	Modal Particle	语气助词	yǔqì zhùcí
N	Noun	名词	míngcí
NP	Noun Phrase	名词词组	míngcí cízǔ
Nu	Numeral	数词	shùcí
O	Object	宾语	bīnyǔ
Ono	Onomatopoeia	象声词	xiàngshēngcí
OpV	Optative Verb	能愿动词	néngyuàn dòngcí
P	Predicate	谓语	wèiyǔ
PN	Proper Noun	专有名词	zhuānyǒu míngcí
Pref	Prefix	词头	cítóu
Prep	Preposition	介词	jiècí
Pron	Pronoun	代词	dàicí
Pt	Particle	助词	zhùcí
PW	Place Word	地点词	dìdiǎncí
Q	Quantifier	数量词	shùliàngcí
QPr	Question Pronoun	疑问代词	yíwèn dàicí
QPt	Question Particle	疑问助词	yíwèn zhùcí
S	Subject	主语	zhǔyǔ
StPt	Structural Particle	结构助词	jiégòu zhùcí
Suf	Suffix	词尾	cíwěi
V	Verb	动词	dòngcí
VC	Verb plus Complement	动补式动词	dòngbǔshì dòngcí
V C	Verb-Complement Phrase	动补词组	dòngbǔ cízǔ
VO	Verb plus Object	动宾式动词	dòngbīnshì dòngcí
V O	Verb-Object Phrase	动宾词组	dòngbīn cízǔ
VP	Verb Phrase	动词词组	dòngcí cízǔ

目 录

第一课　购物方式	1
课文一　这个牌子专门做儿童衣服　　课文二　向网购达人好好儿学习	
第二课　家庭生活	7
课文一　我家的洗衣机坏了　　课文二　给孩子买空调	
第三课　去餐厅	13
课文一　想找个靠窗的座位　　课文二　你怎么吃都不会胖的	
第四课　网络生活	19
课文一　我来图书馆上网　　课文二　支付宝的密码忘了	
第五课　挑选礼物	24
课文一　礼轻情意重　　课文二　我想带点儿更特别的	
第六课　去银行	30
课文一　我要取钱　　课文二　外国人办银行卡麻烦吗？	
第七课　兴趣爱好	36
课文一　你是京剧社团的　　课文二　兴趣是最好的老师	
第八课　环境保护	41
课文一　我打算骑车去郊区转转　　课文二　地球是我们共同的家	
第九课　传统节日	46
课文一　每天都是情人节　　课文二　春节新风俗	

第十课　养宠物		52
课文一　一起长大	课文二　我家的新成员	

第十一课　愉快的旅行		58
课文一　日程会不会非常赶？	课文二　祝您旅行愉快！	

第十二课　爱情的味道		65
课文一　爱就勇敢说出来	课文二　恋爱先生	

第十三课　课外生活		71
课文一　期待你的节目	课文二　八成新小冰箱	

第十四课　健康的生活方式		78
课文一　别当"夜猫子"	课文二　越活越年轻	

第十五课　不做低头族		84
课文一　放下手机，好好说话	课文二　专门给低头族的路	

第十六课　时间管理		90
课文一　我们都有拖延症	课文二　聊聊拖延症	

录音文本及参考答案　　　　　　　　　　　　　　　　97

生词表　　　　　　　　　　　　　　　　　　　　　　199

第一课 购物方式
Lesson 1　Ways of shopping

头脑风暴　Brainstorming

1. 你喜欢去商场买衣服，还是喜欢在网上买衣服？为什么？
2. 来中国以后，你在网上买过东西吗？
3. 你对在网上买的东西满意吗？如果不满意，你会怎么做？

课文一　这个牌子专门做儿童衣服　🔊 01-1
Text 1　This brand specializes in children's clothes

生词　Vocabulary　🔊 01-2

1	购物	gòu wù	VO	to go shopping
2	牌子	páizi	N	brand
3	专门	zhuānmén	Adv	specially
4	儿童	értóng	N	children
5	挑选	tiāoxuǎn	V	to choose
6	女孩儿	nǚháir	N	girl
7	脏	zāng	Adj	dirty
8	挂	guà	V	to hang (sth.)
9	大概	dàgài	Adv	probably
10	不好意思	bù hǎoyìsi		I'm sorry
11	留	liú	V	to leave (behind)
12	寄	jì	V	to send (by mail)
13	要是	yàoshi	Conj	if, supposing
14	退货	tuì//huò	VO	to return goods

听后练习 Exercises

一、请听一遍课文，选择正确答案。 Listen to the text for the first time and choose the correct answers.

1. 米雪现在可能在哪儿？　　　　　　　　　　　（　　）
   A. 餐馆　　　B. 银行　　　C. 邮局　　　D. 商场

2. 米雪在给谁买衣服？　　　　　　　　　　　　（　　）
   A. 她自己　　B. 她的儿子　C. 朋友的孩子　D. 她的丈夫

3. 关于这家店的衣服，我们可以知道什么？　　　（　　）
   A. 白色的难看　　　　　B. 衣服不打折
   C. 衣服质量差　　　　　D. 适合孩子穿

4. 关于米雪喜欢的衣服，下面哪个正确？　　　　（　　）
   A. 没有大号儿　　　　　B. 可以退换
   C. 衣服是黑的　　　　　D. 孩子穿不舒服

二、请听第二遍课文，判断对错。 Listen to the text for the second time and decide whether the following statements are right (√) or wrong (×).

1. 服务员在推荐童装。　　　　　　　　　　　　（　　）
2. 店里的裙子不少。　　　　　　　　　　　　　（　　）
3. 米雪想买那件白色的。　　　　　　　　　　　（　　）
4. 衣服质量可以放心。　　　　　　　　　　　　（　　）
5. 衣服可以寄到米雪家里。　　　　　　　　　　（　　）
6. 衣服可以退换。　　　　　　　　　　　　　　（　　）

三、请听第三遍课文，回答问题。 Listen to the text for the third time and answer the questions.

1. 米雪想买什么？服务员有什么推荐？
2. 这个牌子的衣服怎么样？请介绍一下。
3. 衣服有合适的号码吗？如果没有，服务员说可以怎么办？
4. 如果寄来的衣服不合适怎么办？

第一课　购物方式
Lesson 1　Ways of shopping

课文二　向网购达人好好儿学习
Text 2　To learn from a veteran online shopper

🔊 01-3

生词 Vocabulary 🔊 01-4

1	网购	wǎnggòu	V	to shop online
2	达人	dárén	N	talent, expert
3	牙膏	yágāo	N	toothpaste
4	橡皮	xiàngpí	N	eraser
5	信封	xìnfēng	N	envelope
6	家具	jiājù	N	furniture
7	家电	jiādiàn	N	home appliances
8	牛仔裤	niúzǎikù	N	jeans
9	模特儿	mótèr	N	(fashion) model
10	价格	jiàgé	N	price
11	味道	wèidào	N	smell
12	餐桌	cānzhuō	N	dining table
13	网址	wǎngzhǐ	N	URL, website
14	地图	dìtú	N	map
15	羽毛球拍	yǔmáoqiúpāi		badminton racket
	羽毛球	yǔmáoqiú	N	badminton
16	语法	yǔfǎ	N	grammar

听后练习 Exercises

一、请听第一遍课文，选择正确答案。Listen to the text for the first time and choose the correct answers.

1. 关于米雪，我们可以知道什么？　　　　　（　　）
   A. 她最近不忙　　　　　　　B. 她很爱网购
   C. 她有个儿子　　　　　　　D. 她孩子很帅

2. 关于马小军，我们可以知道什么？　　　　　（　　）
　　A. 他很会网购　　　　　　　　B. 他是个模特儿
　　C. 他没买餐桌　　　　　　　　D. 他不想学习

3. 米雪要给孩子买的东西是什么？　　　　　（　　）
　　A. 地图　　　　　　　　　　　B. 羽毛球
　　C. 语法书　　　　　　　　　　D. 牛仔裤

二、请听第二遍课文，回答问题。Listen to the text for the second time and answer the questions.

1. 米雪最近在忙什么？
2. 米雪之前的网购经历怎么样？
3. 马小军会网购吗？他最近买了什么？
4. 米雪打算买些什么东西？

三、请听第三遍课文，边听边记，并朗读写好的句子。Listen to the text for the third time. Take notes while listening, and read the written sentences aloud.

1. 最近忙着学习，都没时间逛_____中心了。
2. 我也试过几次，但都不太_____。
3. 照片上_____穿着很帅。
4. 如果好好儿_____，还是能买到质量好又便宜的东西。
5. 我要向你这个_____达人好好儿学习。

我来说吧　Let's talk

一、挑选礼物

　　李思齐老师的女朋友过几天要过生日了，他打算给女朋友买一份礼物。

　　请你帮助李思齐老师挑选一份礼物，说一说你建议的礼物是什么，再描述一下礼物的款式、颜色、价格等信息。

第一课　购物方式
Lesson 1　Ways of shopping

二、心动不如行动

你目前有需要购买的物品吗？比如衣服、鞋子、包、学习用品、生活用品等等。如果有，那么打开一个你比较熟悉的中国的购物网站，寻找你需要的东西并购买吧。购物完毕，跟同学和老师描述一下你的这次网购经历。你也可以把满意的物品的链接保存下来，跟大家分享。

挑战一下吧　Challenge yourself　01-5

一、判断对错。Decide whether the following statements are right (√) or wrong (×).

1. ★他要退货。　　　　　　　　　　　　（　）
2. ★面包价格不高。　　　　　　　　　　（　）
3. ★他对网购很放心。　　　　　　　　　（　）
4. ★他要去书店买地图。　　　　　　　　（　）
5. ★他们在挑选餐桌。　　　　　　　　　（　）

二、选择正确答案。Choose the correct answers.

6. A. 鞋非常合适　　　　　　　　　　　　（　）
　 B. 没有大号儿的
　 C. 换鞋没问题
　 D. 鞋子不能退

7. A. 不去超市　　　　　　　　　　　　　（　）
　 B. 想买啤酒
　 C. 超市太远
　 D. 东西太多

8. A. 留学生也网购　　　　　　　　　　　（　）
　 B. 她跟男的不同
　 C. 网购很不安全
　 D. 她的书不太多

9. A. 衣服牌子不好　　　　　　　　　　（　）
　　B. 不用给孩子买
　　C. 建议买蓝色的
　　D. 裤子不太好看

10. A. 书店不开门了　　　　　　　　　　（　）
　　B. 男的知道网址
　　C. 可能网上有书
　　D. 语法书不太多

第二课 家庭生活

Lesson 2　　Home life

头脑风暴　Brainstorming

1. 你习惯用手洗衣服还是用洗衣机洗衣服？
2. 你的房间里有什么家用电器？
3. 对你来说，什么家用电器最重要？

课文一　我家的洗衣机坏了

Text 1　　There is something wrong with my washing machine

02-1

生词　Vocabulary　02-2

1	家用电器	jiāyòng diànqì		home appliances
2	售后服务	shòuhòu fúwù		after-sales service
3	机器	jīqì	N	machine
4	响	xiǎng	Adj	noisy
5	修理	xiūlǐ	V	to fix, to repair
6	出现	chūxiàn	V	to appear
7	保修期	bǎoxiūqī	N	warranty period
8	正常	zhèngcháng	Adj	normal
9	派	pài	V	to send, to assign
10	师傅	shīfu	N	(*honorific*) worker
11	麻烦	máfan	V	to trouble, to bother

听后练习 Exercises

一、请听一遍课文，选择正确答案。 Listen to the text for the first time and choose the correct answers.

1. 米雪在和谁打电话？　　　　　　　　　　　　（　）
   A. 儿童医院的医生　　　　　B. 商店售货员
   C. 售后服务人员　　　　　　D. 修理师傅

2. 米雪为什么打电话？　　　　　　　　　　　　（　）
   A. 她的洗衣机坏了
   B. 她不会用洗衣机
   C. 她想知道商店地址
   D. 她想买一台新洗衣机

3. 米雪的洗衣机有什么问题？　　　　　　　　　（　）
   A. 水用得太多
   B. 声音突然很响
   C. 工作时间太长
   D. 衣服洗不干净

二、请听第二遍课文，判断对错。 Listen to the text for the second time and decide whether the following statements are right (√) or wrong (×).

1. 这台洗衣机是今年买的。　　　　　　　　　　（　）
2. 这台洗衣机不在保修期。　　　　　　　　　　（　）
3. 搬完家洗衣机就有问题了。　　　　　　　　　（　）
4. 修理师傅要去检查机器。　　　　　　　　　　（　）
5. 米雪今天不在家。　　　　　　　　　　　　　（　）

三、请听第三遍课文，回答问题。 Listen to the text for the third time and answer the questions.

1. 米雪是什么时候买的洗衣机？
2. 洗衣机什么时候声音会变得很响？
3. 工作人员打算怎么办？

课文二　给孩子买空调
Text 2　Buying an air conditioner for the child

02-3

生词 Vocabulary 02-4

1	光临	guānglín	V	to come (to a shop, restaurant, etc.), to patronize
2	睡眠	shuìmián	N	sleep
3	温度	wēndù	N	temperature
4	风速	fēngsù	N	wind speed
5	另外	lìngwài	Conj	moreover, besides
6	款	kuǎn	M	kind, type
7	既……又……	jì…yòu…		both... and...
8	放心	fàng//xīn	VO	to be at ease
9	降价	jiàng//jià	VO	to reduce the price
10	顾客	gùkè	N	shopper, customer
11	提供	tígōng	V	to provide
12	免费	miǎn//fèi	VO	to be free of charge
13	价钱	jiàqián	N	price

听后练习 Exercises

一、请听一遍课文，选择正确答案。Listen to the text for the first time and choose the correct answers.

1. 王语想买什么？　　　　　　　　　　　（　　）
   A. 电脑　　　　　　　　　　B. 空调
   C. 手机　　　　　　　　　　D. 洗衣机

2. 王语想给谁的房间买？　　　　　　　　（　　）
   A. 老人　　　　　　　　　　B. 老师
   C. 朋友　　　　　　　　　　D. 孩子

3. 王语觉得价钱怎么样？　　　　　　　　（　　）
   A. 太贵了　　　　　　　　　B. 还可以
   C. 挺便宜的　　　　　　　　D. 不知道

二、请听第二遍课文，判断对错。Listen to the text for the second time and decide whether the following statements are right (√) or wrong (×).

1. 这款空调专门给老人用。（   ）
2. 这款空调的声音非常小。（   ）
3. 这款空调只有红色的。（   ）
4. 现在空调降价了。（   ）
5. 售后服务需要三千六百元。（   ）

三、请听第三遍课文，边听边记，并朗读写好的句子。Listen to the text for the third time. Take notes while listening, and read the written sentences aloud.

1. 它能根据孩子的睡眠情况改变_____和_____。
2. 这款空调既_____又省电。
3. 这款原价四千元，现在降价了，打_____折，只需要_____。
4. 商场为顾客提供_____售后服务。

我来说吧 Let's talk

一、你要买一台新电脑，请根据下列表格中不同的预算，填写你想买的电脑的基本信息，并说说原因。

价格	牌子	主要用途（Main Purpose）	大小	其他
3000～5000元				
7000～8000元				
10000元以上				

二、根据上题中填写的表格，几个人一组，进行角色扮演，完成在商场买电脑的对话。

角色A：你是一个学生，想买一台电脑，你喜欢贵的电脑，但是你没有太多钱。你要想办法让妈妈帮你买，或者让售货员打折。

角色B：你是学生A的妈妈，你和孩子来买电脑，但是孩子喜欢的电脑太贵了，你要想办法让孩子买便宜的，或者让售货员打折。

第二课　家庭生活
Lesson 2　Home life

角色C：你是一个电脑售货员，你的工作就是帮顾客推荐合适的电脑。你要想办法把电脑卖出去。如果有需要，最多可以打八折。

三、心动不如行动。

你房间里的电脑、空调、洗衣机等家用电器出现过什么问题？哪些问题可以自己解决，哪些需要别人的帮助？和同学们互相讨论一下，可能你就找到解决办法了。

挑战一下吧　Challenge yourself　02-5

一、判断对错。Decide whether the following statements are right (√) or wrong (×).

1. ★他打算下午去买空调。　　　　　　（　）
2. ★洗衣机可以免费修理。　　　　　　（　）
3. ★他对这款冰箱很满意。　　　　　　（　）
4. ★新电脑可以打折。　　　　　　　　（　）
5. ★这家店免费帮顾客把电视送到家。　（　）

二、选择正确答案。Choose the correct answers.

6. A. 去商场买　　　　　　　　　　　（　）
   B. 最好别买
   C. 上网看看
   D. 快做决定

7. A. 太冷了　　　　　　　　　　　　（　）
   B. 下雨了
   C. 喝咖啡了
   D. 空调坏了

8. A. 声音大　　　　　　　　　　　　（　）
   B. 太贵了
   C. 不好看
   D. 降价了

9. A. 银行　　　　　　　　　　　　（　）
   B. 超市
   C. 医院
   D. 学校

10. A. 做饭　　　　　　　　　　　　（　）
    B. 打扫房间
    C. 修冰箱
    D. 买东西

第三课 | 去餐厅
Lesson 3　Going to a restaurant

头脑风暴　Brainstorming

1. 你喜欢自己做饭，还是去餐馆吃饭？为什么？
2. 去餐馆吃饭的时候，你认为餐馆环境、服务态度、饭菜味道哪个更重要？
3. 你点过外卖吗？一般什么时候点外卖？

课文一　想找个靠窗的座位　03-1
Text 1　I'd like a seat near the window

生词 Vocabulary　03-2

1	靠	kào	V	to be close/next to
2	窗	chuāng	N	window
3	座位	zuòwèi	N	seat
4	餐厅	cāntīng	N	restaurant
5	先生	xiānsheng	N	sir, Mr
6	正好	zhènghǎo	Adv	(of time, position, size, amount, degree, etc.) just right
7	装修	zhuāngxiū	V	to decorate, to fit out (a house)
8	烤鱼	kǎoyú	N	roast fish
9	尝	cháng	V	to taste, to try the flavor of
10	咸	xián	Adj	salty
11	酸	suān	Adj	sour
12	果汁	guǒzhī	N	(fruit) juice
13	橙汁	chéngzhī		orange juice
14	葡萄汁	pútaozhī		grape juice
	葡萄	pútao	N	grape

听后练习 Exercises

一、请听第一遍课文，选择正确答案。Listen to the text for the first time and choose the correct answers.

1. 李白他们现在在哪儿？　　　　　　　　　　　（　）
   A. 超市　　　　　　　　　B. 饭馆
   C. 宾馆　　　　　　　　　D. 邮局

2. 关于李白，我们可以知道什么？　　　　　　　（　）
   A. 他家在装修
   B. 他点了烤鱼
   C. 他很喜欢咸
   D. 他不要饮料

3. 关于这个地方，我们可以知道什么？　　　　　（　）
   A. 需要装修了
   B. 朋友不喜欢
   C. 饭菜很清淡
   D. 果汁在打折

二、请听第二遍课文，判断对错。Listen to the text for the second time and decide whether the following statements are right (√) or wrong (×).

1. 李白喜欢靠窗的座位。　　　　　　　　　　　（　）
2. 这家餐厅没有装修。　　　　　　　　　　　　（　）
3. 李白的朋友来过这家餐厅。　　　　　　　　　（　）
4. 烤鱼只有不辣的。　　　　　　　　　　　　　（　）
5. 饭店的饭菜今天可以打折。　　　　　　　　　（　）

三、请听第三遍课文，回答问题。Listen to the text for the third time and answer the questions.

1. 这段对话发生在哪儿？这儿的环境怎么样？
2. 服务员推荐了什么菜？李白觉得怎么样？
3. 这顿饭李白他们都点了哪些东西？

课文二　你怎么吃都不会胖的
Text 2　Whatever you eat, you won't get fat

03-3

生词 Vocabulary　03-4

1	麻婆豆腐	mápódòufu		Mapo Tofu
2	地道	dìdao	Adj	authentic
3	烤鸭	kǎoyā	N	roast duck
4	减肥	jiǎn//féi	VO	to lose weight
5	百分之百	bǎi fēn zhī bǎi		one hundred percent
6	不用	búyòng	Adv	need not
7	一日之计在于晨	yí rì zhī jì zàiyú chén		The whole day's work depends on a good start in the morning
8	不然	bùrán	Conj	otherwise
9	疼	téng	V	to ache
10	消化	xiāohuà	V	to digest
11	分析	fēnxī	V	to analyze
12	恐怕	kǒngpà	Adv	probably, I'm afraid that...
13	算了	suànle	V	to forget it, to drop it

听后练习 Exercises

一、请听第一遍课文，选择正确答案。Listen to the text for the first time and choose the correct answers.

1. 李白点的菜怎么样？　　　　　　　　　（　）
   A. 好吃　　　　　　　　B. 清淡
   C. 油腻　　　　　　　　D. 便宜

2. 米雪原来有什么打算？　　　　　　　　（　）
   A. 学习做饭　　　　　　B. 要去跑步
   C. 多吃一点　　　　　　D. 计划减肥

3. "一日之计在于晨"告诉我们什么？　　　（　）
   A. 早饭是最重要的　　　B. 早上工作最辛苦
   C. 早上要做好计划　　　D. 早晨人们最精神

二、请听第二遍课文，回答问题。Listen to the text for the second time and answer the questions.

    1. 李白和米雪点了哪几道菜？

    2. "早饭要吃好，午饭要吃饱，晚饭要吃少。"这句中国俗语是什么意思？

    3. 米雪有什么担心？李白现在有什么建议？

三、请听第三遍课文，边听边记，并朗读写好的句子。Listen to the text for the third time. Take notes while listening, and read the written sentences aloud.

    1. 我来中国后吃过几次麻婆豆腐，今天这家做得最＿＿＿＿＿＿＿。

    2. 早饭吃好才能让人有＿＿＿＿＿＿＿，好好儿开始工作。

    3. 晚上要睡觉休息了，吃太多不容易＿＿＿＿＿＿＿，所以最好少吃。

    4. 分析得很有＿＿＿＿＿＿＿啊，所以你不用担心自己长胖。

    5. 这样吧，咱们现在去＿＿＿＿＿＿＿跑跑步。

我来说吧 Let's talk

一、我们来点菜。

    1. 将菜单各栏补充上1～3个你知道的中国菜、主食、饮品等的名称，并标明价格，制作一个"今日菜单"。

今日菜单							
凉菜		热菜		主食		饮品	
凉拌黄瓜	¥8	鱼香肉丝	¥25	馒头	¥1	青岛啤酒（瓶）	¥8
姜汁藕	¥8	宫保鸡丁	¥30	米饭	¥2	菊花茶（壶）	¥
		干炸里脊	¥			百事可乐（瓶）	¥
		西红柿炒鸡蛋	¥				

第三课　去餐厅
Lesson 3　Going to a restaurant

2. 根据"今日菜单",3～5人为一个小组,按照下面的角色分工和对话提示组织一段在饭店点菜的对话。

角色1：你是一家中餐馆的服务员,给客人展示菜单。你要知道菜的名字,并能向顾客描述这道菜。现在进来几位顾客,你过去欢迎他们并为他们服务。

对话提示:

①介绍本店特色菜或今日特价菜。

②描述顾客感兴趣的菜品,建议顾客点饮品。

角色2：你和你的几个朋友准备点菜,最少点三菜一汤,不超过150块钱。

对话提示:

①想点本店特色菜,听服务员介绍,至少选择一种。

②一个朋友不爱吃羊肉,喜欢鱼;另一个朋友想品尝一个以前没吃过的中国菜。

③大家都爱吃饺子,还喜欢免费的饮品。

二、心动不如行动。

1. 来中国以后,你最喜欢去的是哪家餐厅?快告诉周围的朋友们吧!请你推荐一家餐厅,从环境、服务和饭菜等方面进行评价。

2. 去朋友推荐的餐厅点菜,点菜成功后,给你们点的菜拍一张照片并分享给大家。

挑战一下吧　Challenge yourself　03-5

一、判断对错。Decide whether the following statements are right (√) or wrong (×).

1. ★今天饭店的饭菜降价。　　　　　　　　　　（　　）

2. ★他在点菜。　　　　　　　　　　　　　　　（　　）

3. ★这家店提供免费果汁。　　　　　　　　　　（　　）

4. ★他不爱吃太咸的菜。　　　　　　　　　　　（　　）

5. ★他正在减肥。　　　　　　　　　　　　　　（　　）

二、选择正确答案。Choose the correct answers.

6. A. 她喜欢中国菜　　　　　　　　　　（　）
   B. 照片非常漂亮
   C. 菜单上有照片
   D. 中国餐厅不错

7. A. 中国菜非常多　　　　　　　　　　（　）
   B. 他爱吃的菜很多
   C. 他不爱吃麻婆豆腐
   D. 他只吃地道的中国菜

8. A. 学校　　　　　　　　　　　　　　（　）
   B. 商店
   C. 饭店
   D. 银行

9. A. 他一般会吃早饭　　　　　　　　　（　）
   B. 他没时间吃早饭
   C. 早上时间很重要
   D. 他常常没有精神

10. A. 她正好去医院　　　　　　　　　　（　）
    B. 她肚子总是疼
    C. 建议男的去检查
    D. 不让男的吃太多

第四课 网络生活
Lesson 4　An Internet lifestyle

头脑风暴　Brainstorming

1. 你平时上网都干什么？
2. 网络有哪些优点和缺点？
3. 想一想十年以后的网络生活是什么样的，并说一说。

课文一　我来图书馆上网
Text 1　I come to the library to surf the Internet

04-1

生词 Vocabulary 04-2

1	网络	wǎngluò	N	network, Internet
2	礼拜天	lǐbàitiān	N	Sunday
3	提	tí	V	to mention
4	本来	běnlái	Adv	originally, at first
5	资料	zīliào	N	material, data
6	不得不	bùdébù	IE	to have to
7	网速	wǎngsù	N	Internet speed
8	速度	sùdù	N	speed
9	无论	wúlùn	Conj	no matter (what, how, whether, etc.)
10	半天	bàntiān	Q	quite a while
11	网页	wǎngyè	N	web page
12	互联网	hùliánwǎng	N	Internet
13	不仅	bùjǐn	Conj	not only
14	连	lián	Conj	even
15	电梯	diàntī	N	elevator

听后练习 Exercises

一、请听第一遍课文，选择正确答案。 Listen to the text for the first time and choose the correct answers.

1. 李白和张萌在哪儿说话？　　　　　　　　　（　　）
   A. 商场　　　　　　　　　B. 宿舍楼
   C. 图书馆　　　　　　　　D. 办公室

2. 李白来做什么？　　　　　　　　　　　　　（　　）
   A. 上网　　　　　　　　　B. 购物
   C. 看书　　　　　　　　　D. 找张萌

3. 学校的网速怎么样？　　　　　　　　　　　（　　）
   A. 特别快
   B. 特别慢
   C. 还可以
   D. 不知道，要试一试

二、请听第二遍课文，判断对错。 Listen to the text for the second time and decide whether the following statements are right (√) or wrong (×).

1. 今天是周末。　　　　　　　　　　　　　　（　　）
2. 李白的宿舍停电了。　　　　　　　　　　　（　　）
3. 学校换了新的网络。　　　　　　　　　　　（　　）
4. 在学校上网查资料比较快，看电影比较慢。　（　　）
5. 女生平时喜欢网上购物。　　　　　　　　　（　　）

三、请听第三遍课文，回答问题。 Listen to the text for the third time and answer the questions.

1. 以前学校的网络怎么样？现在呢？
2. 对留学生来说，上网和父母聊天儿有什么好处？
3. 如果想买外国的东西，可以怎么做？

第四课　网络生活
Lesson 4　An Internet lifestyle

课文二　支付宝的密码忘了
Text 2　I forgot my Alipay password

04-3

生词 Vocabulary 04-4

1	密码	mìmǎ	N	password
2	实在	shízài	Adv	really, indeed
3	粗心	cūxīn	Adj	careless
4	电子邮箱	diànzǐ yóuxiāng		email
5	封	fēng	M	a measure word for letters and emails
6	按照	ànzhào	Prep	according to
7	邮件	yóujiàn	N	mail
8	重新	chóngxīn	Adv	again, anew
9	方法	fāngfǎ	N	way, method
10	千万	qiānwàn	Adv	to be sure to
11	感谢	gǎnxiè	V	to thank

听后练习 Exercises

一、请听第一遍课文，选择正确答案。Listen to the text for the first time and choose the correct answers.

1. 李白想让王老师帮他做什么？　　　　　　（　　）
   A. 网购　　　　　　　　　　B. 用支付宝
   C. 找回密码　　　　　　　　D. 填写邮箱

2. 李白的邮箱有什么问题？　　　　　　　　（　　）
   A. 地址忘了　　　　　　　　B. 密码忘了
   C. 收不到邮件　　　　　　　D. 找不到网页

3. 李白还可以试试哪种方法？　　　　　　　（　　）
   A. 换一个新邮箱　　　　　　B. 给支付宝打电话
   C. 打开支付宝网页　　　　　D. 用手机号码找回

21

二、请听第二遍课文，填写找回密码的过程。Listen to the text for the second time and fill in the blanks to complete the process of retrieving the password.

打开支付宝的网页→选"＿＿＿＿"→选"用＿＿＿＿找回"→换新密码

三、请听第三遍课文，边听边记，并朗读写好的句子。Listen to the text for the third time. Take notes while listening, and read the written sentences aloud.

1. 最近我学会了用支付宝，可是我太＿＿＿＿了，把密码忘了。

2. 你按照＿＿＿＿的要求，重新换个新密码就行了。

3. ＿＿＿＿你的新密码，千万别再忘了。

我来说吧 Let's talk

一、现代社会真的离不开网络吗？请你说一说，如果现在没有了网络，人们生活的各个方面都会发生什么变化？

二、6～8人一组，分正反两方进行关于互联网的辩论。

正方题目：互联网的好处多

反方题目：互联网的坏处多

三、心动不如行动。

现在的网站种类非常丰富，有的网站让你更优秀，有的网站让你更快乐。你常常上网做什么呢？学习，聊天，还是查资料？你有哪些好的网站可以推荐给大家？跟你的老师和同学们分享一下你最常用或最喜欢的几个网站，并说出推荐它的理由。大家一起用网络让生活变得更精彩吧！

挑战一下吧 Challenge yourself   04-5

一、判断对错。Decide whether the following statements are right (√) or wrong (×).

1. ★他家的网速不太快。　　　　　　　　　　　　（　　）

第四课　网络生活
Lesson 4　An Internet lifestyle

2. ★网购带来了一些问题。　　　　　　　　（　　）

3. ★手机有很多用处。　　　　　　　　　　（　　）

4. ★在网上，数字"6"有"非常厉害"的意思。（　　）

5. ★他在说使用电子邮箱的方法。　　　　　（　　）

二、选择正确答案。Choose the correct answers.

6. A. 网上买的　　　　　　　　　　　　　（　　）
   B. 商店买的
   C. 妈妈买的
   C. 朋友送的

7. A. 忘了密码　　　　　　　　　　　　　（　　）
   B. 买了电脑
   C. 丢了钥匙
   D. 丢了手机

8. A. 在网上叫车　　　　　　　　　　　　（　　）
   B. 坐公共汽车
   C. 晚点儿下班
   D. 在路上打车

9. A. 他们在客厅　　　　　　　　　　　　（　　）
   B. 他们在上网
   C. 男的在付钱
   D. 女的在借钱

10. A. 想用微信　　　　　　　　　　　　　（　　）
    B. 喜欢上网
    C. 没带手机
    D. 网络坏了

第五课 | 挑选礼物
Lesson 5 Picking a gift

头脑风暴 Brainstorming

1. 感谢别人时,你可能会送什么礼物?
2. 第一次去朋友家做客,你会带礼物吗?带什么礼物比较好?
3. 你收到的最珍贵的生日礼物是什么?

课文一 礼轻情意重 🔊 05-1
Text 1 It's not the gift that counts, but the thought behind it

生词 Vocabulary 🔊 05-2

1	礼轻情意重	lǐ qīng qíngyì zhòng		It's not the gift that counts, but the thought behind it
	礼	lǐ	N	gift, present
2	奖学金	jiǎngxuéjīn	N	scholarship
3	通知	tōngzhī	N	notice
4	耐心	nàixīn	Adj	patient
5	说明	shuōmíng	V	to explain
6	表格	biǎogé	N	form (official document)
7	份	fèn	M	*a measure word for gifts, etc.*
8	接受	jiēshòu	V	to accept
9	玩具	wánjù	N	toy
10	代表	dàibiǎo	V	to represent, to stand for
11	客气	kèqi	Adj	polite

24

第五课　挑选礼物
Lesson 5　Picking a gift

听后练习 Exercises

一、请听第一遍课文，选择正确答案。Listen to the text for the first time and choose the correct answers.

1. 米雪帮了李白什么忙？　　　　　　　　　　　（　）
   A. 讲语法题　　　　　　　B. 填表格
   C. 推荐礼物　　　　　　　D. 写申请书

2. 李白想怎么感谢米雪？　　　　　　　　　　　（　）
   A. 请客吃饭　　　　　　　B. 买份礼物
   C. 帮忙翻译　　　　　　　D. 请看电影

3. 关于李白，我们可以知道什么？　　　　　　　（　）
   A. 他女儿两岁
   B. 他很有耐心
   C. 他不喜欢礼物
   D. 他想申请奖学金

二、请听第二遍课文，判断对错。Listen to the text for the second time and decide whether the following statements are right (√) or wrong (×).

1. 李白看不太懂申请奖学金的通知。　　　　　　（　）
2. 李白自己填了很多表格。　　　　　　　　　　（　）
3. 米雪很热情。　　　　　　　　　　　　　　　（　）
4. 米雪的儿子今年三岁。　　　　　　　　　　　（　）
5. "礼轻情意重"的意思是礼物要贵重。　　　　　（　）

三、请听第三遍课文，回答问题。Listen to the text for the third time and answer the questions.

1. 米雪是一个什么样的人？
2. 张萌觉得送米雪什么礼物好？
3. "礼轻情意重"的意思是什么？
4. 送礼物的时候，李白打算怎么说？

课文二　我想带点儿更特别的
Text 2　I want to take something more special

生词 Vocabulary 05-4

1	开心	kāixīn	Adj	happy, glad
2	考虑	kǎolǜ	V	to consider
3	特色	tèsè	N	characteristic, distinctive feature
4	汽车	qìchē	N	car
5	木头	mùtou	N	wood
6	象	xiàng	N	elephant
7	十分	shífēn	Adv	very, extremely
8	熟悉	shúxī	V	to be familiar with
9	中国结	zhōngguójié	N	Chinese knot
10	刺绣	cìxiù	N	embroidery
11	折扇	zhéshàn	N	folding fan
12	布老虎	bùlǎohǔ		cloth tiger
	老虎	lǎohǔ	N	tiger
13	饼干	bǐnggān	N	cookie
14	糖果	tángguǒ	N	candy
15	关键	guānjiàn	N	key, crucial part
16	优点	yōudiǎn	N	advantage, merit
17	轻	qīng	Adj	light, not heavy
18	穷	qióng	Adj	poor, poverty-stricken

特例词

1	泰国	Tàiguó	PN	Thailand

第五课 挑选礼物
Lesson 5 Picking a gift

听后练习 Exercises

一、请听第一遍课文，选择正确答案。Listen to the text for the first time and choose the correct answers.

1. 关于李白，我们可以知道什么？ （ ）
   A. 他快回国了　　　　　　B. 他考试很好
   C. 他是英国人　　　　　　D. 他去过泰国

2. 张萌收到过什么礼物？ （ ）
   A. 中国茶　　　　　　　　B. 中国结
   C. 汽车玩具　　　　　　　D. 饼干和糖果

3. 张萌推荐的礼物怎么样？ （ ）
   A. 又大又重　　　　　　　B. 不方便带
   C. 很有特色　　　　　　　D. 价格较高

二、请听第二遍课文，回答问题。Listen to the text for the second time and answer the questions.

1. 李白最近头疼什么事情？
2. 张萌建议李白买什么礼物？
3. 张萌都收到过什么礼物？
4. 这些礼物的特点是什么？

三、请听第三遍课文，边听边记，并朗读写好的句子。Listen to the text for the third time. Take notes while listening, and read the written sentences aloud.

1. 那就考虑一些有地方_____的东西吧。
2. 泰国朋友送过我一个木头小象，十分_____。
3. 中国也有很多有特色的东西，可是我比较_____的就只有中国结。
4. 一些中国牌子的饼干、糖果等等，也是不错的_____。
5. 关键是它们还有一个_____，就是又小又轻，方便带。

我来说吧　Let's talk

一、在你的国家，你会常常送给别人礼物或收到别人的礼物吗？跟你的同学和老师们交流一下在下面的场景中你们一般会送什么礼物，以及不能送什么东西，看看不同国家的送礼方式有什么不同。

  1. 朋友过生日或家人过生日；

  2. 朋友搬新家；

  3. 朋友毕业；

  4. 朋友家或亲戚家的宝宝出生。

二、在回国的时候，你会带礼物回去吗？你会选择什么礼物？请大家交流一下吧！

挑战一下吧　Challenge yourself　05-5

一、判断对错。Decide whether the following statements are right (√) or wrong (×).

  1. ★他在过生日。 （　　）

  2. ★孩子们最喜欢玩具。 （　　）

  3. ★他在送礼物。 （　　）

  4. ★他收下了礼物。 （　　）

  5. ★留学生可以挑选有特色的礼物。 （　　）

二、选择正确答案。Choose the correct answers.

  6. A. 男的很可爱 （　　）
    B. 她也去泰国
    C. 礼物非常棒
    D. 她不爱玩具

  7. A. 男的接受礼物 （　　）
    B. 女的没有孩子
    C. 礼物不用太贵
    D. 朋友喜欢糖果

8. A. 礼物准备好了　　　　　　　　（　）
   B. 她忘记了生日
   C. 她挺喜欢电影
   D. 饭店没座位了

9. A. 小王刚结婚　　　　　　　　　（　）
   B. 准备买礼物
   C. 建议送些钱
   D. 没有好主意

10. A. 心意最重要　　　　　　　　　（　）
    B. 男的太客气
    C. 她熟悉姐姐
    D. 姐姐在上学

第六课 | 去银行
Lesson 6　Going to the bank

头脑风暴　Brainstorming

1. 买东西的时候，你习惯用什么方式付钱？
2. 说一说学校附近有哪些银行。
3. 在中国的银行取钱时，你遇到过困难吗？你是怎么解决的？

课文一 · 我要取钱
Text 1　I'd like to withdraw some money

06-1

生词 Vocabulary　06-2

1	办理	bànlǐ	V	to handle, to transact
2	业务	yèwù	N	business, transaction
3	取款机	qǔkuǎnjī	N	ATM
4	窗口	chuāngkǒu	N	window
5	输入	shūrù	V	to input
6	剩	shèng	V	to be left over, to remain
7	稍微	shāowēi	Adv	slightly
8	提醒	tíxǐng	V	to remind
9	存	cún	V	to deposit
10	费	fèi	N	fee
11	身份证	shēnfènzhèng	N	ID card

第六课　去银行

Lesson 6　Going to the bank

听后练习 Exercises

一、请听第一遍课文，选择正确答案。Listen to the text for the first time and choose the correct answers.

1. 马小军在哪儿取了钱？　　　　　　　　　　（　　）

   A. 网上银行

   B. 手机银行

   C. 银行窗口

   D. 银行取款机

2. 马小军要取多少钱？　　　　　　　　　　　（　　）

   A. 2000 元　　　　　　　　B. 2320 元

   C. 5000 元　　　　　　　　D. 5320 元

3. 马小军银行卡里还剩多少钱？　　　　　　　（　　）

   A. 2000 元　　　　　　　　B. 2320 元

   C. 5000 元　　　　　　　　D. 5320 元

二、请听第二遍课文，判断对错。Listen to the text for the second time and decide whether the following statements are right (√) or wrong (×).

1. 取款机排队的人很多。　　　　　　　　　　（　　）

2. 今天不能用取款机取钱。　　　　　　　　　（　　）

3. 马小军去银行是想办理短信提醒的业务。　　（　　）

4. 短信提醒业务是免费的。　　　　　　　　　（　　）

5. 办理短信提醒业务需要身份证和手机号码。　（　　）

三、请听第三遍课文，回答问题。Listen to the text for the third time and answer the questions.

1. 为什么马小军只能在银行窗口取钱？

2. 马小军在银行办理了什么业务？

3. 短信提醒业务有什么好处？

课文二　外国人办银行卡麻烦吗？

Text 2　Is it difficult for a foreigner to apply for a bank card?

06-3

生词 Vocabulary 06-4

1	哎	āi	Int	hey
2	材料	cáiliào	N	material, data, document
3	对面	duìmiàn	N	opposite side
4	过程	guòchéng	N	process
5	却	què	Adv	but, yet
6	复杂	fùzá	Adj	complicated
7	顺便	shùnbiàn	Adv	by the way, in passing
8	不管	bùguǎn	Conj	no matter (what, etc.)
9	尽管	jǐnguǎn	Conj	although
10	随便	suíbiàn	Adv	casually, randomly
11	付款	fù kuǎn	V O	to pay a sum of money
12	信息	xìnxī	N	information
13	骗	piàn	V	to cheat, to con

听后练习 Exercises

一、请听一遍课文，选择正确答案。Listen to the text for the first time and choose the correct answers.

1. 李白打算做什么？　　　　　　　　　　　（　　）

    A. 取钱

    B. 办银行卡

    C. 学习用支付宝

    D. 办理短信提醒

2. 李白需要带什么去银行？　　　　　　　　（　　）

    A. 银行卡　　　　　　　　B. 支付宝

    C. 身份证　　　　　　　　D. 护照

第六课　去银行
Lesson 6　Going to the bank

3. 马小军建议李白顺便办理什么业务？　　　　（　　）
   A. 短信提醒　　　　　　　　B. 免密支付
   C. 网上银行　　　　　　　　D. 手机银行

二、请听第二遍课文，回答问题。Listen to the text for the second time and answer the questions.

1. 办银行卡的过程是怎样的？
2. 办银行卡需要等很长时间吗？
3. 在网上付钱要注意什么？

三、请听第三遍课文，边听边记，并朗读写好的句子。Listen to the text for the third time. Take notes while listening, and read the written sentences aloud.

1. 我打算办一张中国的银行卡，可是我不知道要带什么_____，办什么手续。
2. 你先在银行填一张_____，然后到银行窗口，告诉工作人员你要办银行卡，他会帮你办好的。
3. 学校对面那家银行的人挺多的，但办银行卡的过程却不_____。

我来说吧　Let's talk

一、你在中国的银行办理过什么业务？办理的过程中遇到了什么问题？跟同学们说一说你在银行的经历。

二、根据学习的内容和自己的经历，进行角色扮演，模拟银行取钱的过程。

角色 A：你是一个刚来中国的留学生，你想到银行换一些人民币（RMB），但是有些汉语你听不懂。你要想办法成功换钱。

角色 B：你是银行的一位工作人员，今天银行里来了一个留学生，他的汉语不太好。你要想办法知道他/她想办理什么业务。

角色 C：你是一个在中国生活了五年的留学生，汉语非常好。你在银行遇到一个刚来中国的留学生，你要想办法帮助他和银行工作人员交流，成功办理业务。

三、心动不如行动。

去附近的银行窗口取一次钱或者办理一次业务，然后回来和同学们分享一下你的经验或讨论一下你遇到的问题。

挑战一下吧 Challenge yourself   06-5

一、判断对错。Decide whether the following statements are right (√) or wrong (×).

1. ★他在银行排队。　　　　　　　　　　　（　）
2. ★用手机付款很方便。　　　　　　　　　（　）
3. ★明天还可以网上报名。　　　　　　　　（　）
4. ★手机付款不一定安全。　　　　　　　　（　）
5. ★外国人办银行卡的过程很复杂。　　　　（　）

二、选择正确答案。Choose the correct answers.

6. A. 上网十分方便　　　　　　　　　　　（　）
   B. 注意网络安全
   C. 银行常常排队
   D. 不知道密码

7. A. 银行　　　　　　　　　　　　　　　（　）
   B. 宿舍
   C. 客厅
   D. 车站

8. A. 购物　　　　　　　　　　　　　　　（　）
   B. 取钱
   C. 取票
   D. 开车

9. A. 付钱　　　　　　　　　　　　　（　）

　　B. 取钱

　　C. 用支付宝

　　D. 办信用卡

10. A. 银行开门时间早　　　　　　　　（　）

　　B. 银行不需要排队

　　C. 网上银行很方便

　　D. 办理手续很麻烦

第七课 兴趣爱好

Lesson 7　Interests and hobbies

头脑风暴　Brainstorming

1. 你参加过学校的社团活动吗？
2. 你有什么兴趣爱好？
3. 能谈谈兴趣爱好给你带来的影响吗？

课文一　你是京剧社团的　🔊 07-1

Text 1　You are a member of the Peking opera club

生词 Vocabulary 🔊 07-2

1	京剧	jīngjù	N	Peking opera
2	社团	shètuán	N	association, club
3	举行	jǔxíng	V	to hold (a meeting, activity, etc.)
4	学期	xuéqī	N	semester
5	演出	yǎnchū	N	performance, show
6	精彩	jīngcǎi	Adj	excellent, wonderful
7	方面	fāngmiàn	N	aspect
8	体育	tǐyù	N	physical education, sport
9	艺术	yìshù	N	art
10	实践	shíjiàn	V	to practice
11	记者	jìzhě	N	journalist
12	丰富	fēngfù	Adj	rich, plentiful
13	网球	wǎngqiú	N	tennis

第七课　兴趣爱好
Lesson 7　Interests and hobbies

听后练习 Exercises

一、请听第一遍课文，选择正确答案。Listen to the text for the first time and choose the correct answers.

1. 今天的校园怎么样？　　　　　　　　　　（　　）
   A. 安静　　　　B. 热闹　　　　C. 漂亮　　　　D. 吵闹

2. 米雪参加了什么社团？　　　　　　　　　（　　）
   A. 京剧　　　　B. 舞蹈　　　　C. 唱歌　　　　D. 英语

3. 米雪对参加社团有什么感受？　　　　　　（　　）
   A. 没兴趣　　　　　　　　B. 收获大
   C. 知识太难　　　　　　　D. 浪费时间

4. 李白对什么社团比较感兴趣？　　　　　　（　　）
   A. 实践　　　　　　　　　B. 体育
   C. 汉语　　　　　　　　　D. 记者

二、请听第二遍课文，判断对错。Listen to the text for the second time and decide whether the following statements are right (√) or wrong (×).

1. 社团今天在举行活动。　　　　　　　　　（　　）
2. 米雪是京剧社团的。　　　　　　　　　　（　　）
3. 米雪还没学习京剧专业知识。　　　　　　（　　）
4. 学校社团的类型很多。　　　　　　　　　（　　）
5. 记者社团是爱好方面的社团。　　　　　　（　　）
6. 李白也想参加社团。　　　　　　　　　　（　　）

三、请听第三遍课文，回答问题。Listen to the text for the third time and answer the questions.

1. 今天校园里有什么活动？
2. 简单说说米雪的社团活动。
3. 学校社团都有哪些类型？
4. 李白想参加什么社团？

课文二　兴趣是最好的老师　　07-3
Text 2　Interest is the best teacher

生词 Vocabulary　07-4

1	围棋	wéiqí	N	Go (game)
2	按时	ànshí	Adv	on time
3	注意力	zhùyìlì	N	attention
4	对手	duìshǒu	N	opponent, rival
5	输	shū	V	to lose
6	赢	yíng	V	to win
7	得意	déyì	Adj	complacent
8	任务	rènwu	N	mission
9	游戏	yóuxì	N	game
10	周围	zhōuwéi	N	surrounding
11	许多	xǔduō	Adj	many
12	对于	duìyú	Prep	to, for
特例词				
1	林燕	Lín Yàn	PN	Lin Yan, a person's name
2	乐乐	Lèle	PN	Lele, a person's name

听后练习 Exercises

一、请听第一遍课文，选择正确答案。Listen to the text for the first time and choose the correct answers.

1. 关于乐乐，我们可以知道什么？　　（　　）
   A. 他是王老师的孩子　　　　B. 他对围棋很感兴趣
   C. 他周末没有围棋课　　　　D. 他的注意力不太强

2. 对于乐乐来说，下围棋怎么样？　　（　　）
   A. 像个游戏　　B. 是个考试　　C. 输了不好　　D. 不能马虎

3. 怎么为孩子选兴趣班？　　（　　）
   A. 看兴趣　　B. 看价格　　C. 看地点　　D. 看老师

第七课　兴趣爱好
Lesson 7　Interests and hobbies

二、**请听第二遍课文，回答问题。**Listen to the text for the second time and answer the questions.

　　1. 乐乐的爱好是什么？

　　2. 王语老师认为围棋是一种怎样的活动？

　　3. 对乐乐来说，下围棋是一种怎样的活动？

　　4. 林燕老师认为应该怎样为孩子选择兴趣班？

三、**请听第三遍课文，边听边记，并朗读写好的句子。**Listen to the text for the third time. Take notes while listening, and read the written sentences aloud.

　　1. 乐乐对围棋很感兴趣，现在还在＿＿＿＿＿＿＿＿学。

　　2. 下围棋需要有很好的注意力，不然一＿＿＿＿＿＿＿＿，好机会就送给对手了。

　　3. 孩子赢了就很＿＿＿＿＿＿＿＿，输了会很不开心。

　　4. 下围棋对他来说，不是＿＿＿＿＿＿＿＿，是一种好玩儿的游戏。

　　5. 学什么，还要看他们自己的＿＿＿＿＿＿＿＿和兴趣。

我来说吧　Let's talk

一、你在中学或大学里参加过社团活动吗？请按下面的要点来介绍一下吧。

社团类型	社团名称	社团活动	你的收获

二、你有什么爱好吗？这个/些爱好给你带来哪些影响？

挑战一下吧　Challenge yourself　07-5

一、**判断对错。**Decide whether the following statements are right (√) or wrong (×).

　　1. ★ 学习网球有好处。　　　　　　　　　　　（　　）

　　2. ★ 最近社团没有活动。　　　　　　　　　　（　　）

3. ★ 小王篮球打得很棒。　　　　　　　　　　（　）

4. ★ 汉语社团每周都有。　　　　　　　　　　（　）

5. ★ 他一到周末就很忙。　　　　　　　　　　（　）

二、选择正确答案。Choose the correct answers.

6. A. 孩子喜爱游泳　　　　　　　　　　　　（　）
   B. 游泳很好玩儿
   C. 要按时去上课
   D. 游泳班是任务

7. A. 爱好有趣　　　　　　　　　　　　　　（　）
   B. 生活丰富
   C. 有许多演出
   D. 在大学工作

8. A. 她很喜爱爷爷　　　　　　　　　　　　（　）
   B. 写字让人安静
   C. 她写字比较慢
   D. 汉字要常常练

9. A. 演出很成功　　　　　　　　　　　　　（　）
   B. 他学习京剧
   C. 他十分得意
   D. 他赢了比赛

10. A. 这个爱好很特别　　　　　　　　　　　（　）
    B. 她有很多电影票
    C. 她也有这个爱好
    D. 周围人爱看展览

第八课 环境保护
Lesson 8　Environmental protection

头脑风暴　Brainstorming

1. 你现在生活的城市环境怎么样？你最满意的是什么？最不满意的呢？
2. 在环境保护方面，你觉得人们有哪些好的和不好的习惯？
3. 在你的国家，垃圾分类吗？你觉得垃圾分类有什么好处？

课文一　我打算骑车去郊区转转
Text 1　I plan to go around the suburbs by bike

08-1

生词 Vocabulary　08-2

1	保护	bǎohù	V	to protect
2	垃圾	lājī	N	rubbish
3	郊区	jiāoqū	N	suburbs
4	转	zhuàn	V	to go around, to stroll
5	叶子	yèzi	N	leaf
6	污染	wūrǎn	V	to pollute
7	堵车	dǔ//chē	VO	to be stuck in traffic
8	重视	zhòngshì	V	to pay attention to
9	空气	kōngqì	N	air
10	云	yún	N	cloud
11	鼻子	bízi	N	nose
12	环保	huánbǎo	N	environmental protection
13	地球	dìqiú	N	earth
14	养成	yǎngchéng		to develop, to cultivate, to form

听后练习 Exercises

一、请听第一遍课文，选择正确答案。Listen to the text for the first time and choose the correct answers.

1. 李老师周末打算去哪儿？　　　　　　　　　　（　　）
   A. 餐厅　　　　　　　　　　B. 社团
   C. 郊区　　　　　　　　　　D. 家具店

2. 李老师打算怎么去？　　　　　　　　　　　　（　　）
   A. 开车　　　　　　　　　　B. 走路
   C. 骑自行车　　　　　　　　D. 坐公共汽车

3. 来中国以前，李白担心什么？　　　　　　　　（　　）
   A. 中国天气不好
   B. 中国空气不好
   C. 中国容易堵车
   D. 中国菜不好吃

二、请听第二遍课文，判断对错。Listen to the text for the second time and decide whether the following statements are right (√) or wrong (×).

1. 周末开车去郊区不容易堵车。　　　　　　　　（　　）
2. 中国人开始重视保护环境。　　　　　　　　　（　　）
3. 李白觉得北京的环境不错。　　　　　　　　　（　　）
4. 环保需要每个人的努力。　　　　　　　　　　（　　）

三、请听第三遍课文，回答问题。Listen to the text for the third time and answer the questions.

1. 李老师为什么不开车去郊区？
2. 前几年中国的空气怎么样？
3. 在大家的努力下，中国的空气质量有什么变化？
4. 李白说"环保既是大事又是小事"，是什么意思？

第八课　环境保护
Lesson 8　Environmental protection

课文二　地球是我们共同的家　　08-3
Text 2　　The earth is our common home

生词 Vocabulary　08-4

1	采访	cǎifǎng	V	to interview
2	谈	tán	V	to talk, to discuss
3	植物	zhíwù	N	plant
4	引起	yǐnqǐ	V	to cause, to give rise to
5	政府	zhèngfǔ	N	government
6	治理	zhìlǐ	V	to govern, to manage
7	塑料袋	sùliàodài	N	plastic bag
8	节约	jiéyuē	V	to economize, to save
9	仍然	réngrán	Adv	still, yet
10	棵	kē	M	*a measure word for plants*
11	滴	dī	M	*a measure word for drops of water*
12	扔	rēng	V	to throw (away)
13	工厂	gōngchǎng	N	factory
14	森林	sēnlín	N	forest
15	垃圾桶	lājītǒng	N	dust bin

听后练习 Exercises

一、请听一遍课文，判断对错。Listen to the text for the first time and decide whether the following statements are right (√) or wrong (×).

1. 王先生正在给马小军上课。　　　　　　　　（　　）
2. 马小军和王先生在讨论环保问题。　　　　　（　　）
3. 王先生觉得环境问题越来越严重了。　　　　（　　）
4. 仍然有一些人不重视环保问题。　　　　　　（　　）
5. 王先生希望大家都能重视环保问题。　　　　（　　）

二、请听第二遍课文，回答问题。Listen to the text for the second time and answer the questions.

1. 王先生觉得最近几年，我们的环境有什么变化？
2. 王先生认为这些变化的原因有哪些？
3. 关于环保，现在还有哪些问题？

三、请听第三遍课文，边听边记，并朗读写好的句子。Listen to the text for the third time. Take notes while listening, and read the written sentences aloud.

1. 一是因为环境污染＿＿＿＿了很多问题，所以人们越来越重视环保问题了。
2. 二是因为＿＿＿＿对环境的治理。
3. 三是因为我们每个人的努力，比如购物时不用＿＿＿＿，节约用水、用电等。

我来说吧　Let's talk

一、请你说一说生活中人们的哪些做法对环境有好处，哪些做法对环境有危害。

二、根据你在生活中的观察，和同学们讨论一下，如果你是这个城市的市长，你会用哪些方法提高这个城市的环境质量。

三、心动不如行动。

环保需要每个人的共同努力，请你和同学们组成环保小分队，在日常生活中互相提醒，让我们的环境越来越好。

挑战一下吧　Challenge yourself　08-5

一、判断对错。Decide whether the following statements are right (√) or wrong (×).

1. ★洗水果时应该把水关小一点儿。　　　（　）
2. ★小张的专业是环保。　　　（　）
3. ★超市没有免费塑料袋。　　　（　）

4. ★他喜欢骑自行车。　　　　　　　（　　）

5. ★每个人都应该重视环保。　　　　（　　）

二、选择正确答案。Choose the correct answers.

6. A. 迟到了　　　　　　　　　　　（　　）
   B. 感冒了
   C. 没关灯
   D. 没出门

7. A. 看书　　　　　　　　　　　　（　　）
   B. 吃饭
   C. 购物
   D. 开会

8. A. 女的要换专业　　　　　　　　（　　）
   B. 女的在找工作
   C. 女的在考大学
   D. 女的在学环保

9. A. 有森林　　　　　　　　　　　（　　）
   B. 没有钱
   C. 污染空气
   D. 重视环保

10. A. 买牛奶　　　　　　　　　　　（　　）
    B. 寄东西
    C. 扔垃圾
    D. 选颜色

第九课 传统节日
Lesson 9　Traditional festivals

头脑风暴　Brainstorming

1. 你知道哪些中国传统节日？你对哪个节日比较感兴趣？为什么？
2. 你在中国过过春节吗？你知道中国人过春节时要做些什么？
3. 你的国家有哪些传统节日呢？

课文一　每天都是情人节
Text 1　Every day is Valentine's Day

09-1

生词 Vocabulary　09-2

1	传统	chuántǒng	Adj	traditional
2	也许	yěxǔ	Adv	perhaps
3	至少	zhìshǎo	Adv	at least
4	过节	guò//jié	VO	to celebrate a festival
5	尤其	yóuqí	Adv	especially
6	浪漫	làngmàn	Adj	romantic
7	恋人	liànrén	N	lover
8	日	rì	N	day
9	七夕	qīxī	N	Chinese Valentine's Day, the seventh day of the seventh lunar month
10	既然	jìrán	Conj	now that, since
11	美丽	měilì	Adj	beautiful
12	传说	chuánshuō	N	legend
13	农历	nónglì	N	lunar calendar
14	作为	zuòwéi	V	to regard as

特例词

1	情人节	Qíngrén Jié	PN	Valentine's Day
2	西方	Xīfāng	PN	the West

| 3 | 牛郎 | Niúláng | PN | Cowherd (in the legend "The Cowherd and the Weaver Girl") |
| 4 | 织女 | Zhīnǚ | PN | Weaver Girl (in the legend "The Cowherd and the Weaver Girl") |

听后练习 Exercises

一、请听第一遍课文，选择正确答案。Listen to the text for the first time and choose the correct answers.

1. 李白想去图书馆做什么？ （ ）
   - A. 找书看
   - B. 过情人节
   - C. 与朋友见面
   - D. 听故事

2. 李白从他的中国朋友那里知道了什么？ （ ）
   - A. 中国人每年至少过两个情人节
   - B. 中国人不过情人节
   - C. 中国人只过中国情人节
   - D. 中国人只过西方情人节

3. 中国情人节是哪天？ （ ）
   - A. 七夕
   - B. 2月14日
   - C. 10月1日
   - D. 1月1日

二、请听第二遍课文，判断对错。Listen to the text for the second time and decide whether the following statements are right (√) or wrong (×).

1. 中国人只过中国传统节日。 （ ）
2. 中国人也过西方情人节。 （ ）
3. 中国情人节与牛郎织女的传说故事有关。 （ ）
4. 七夕，也就是农历的七月初七，是中国情人节。（ ）

三、请听第三遍课文，回答问题。Listen to the text for the third time and answer the questions.

1. 李白有什么问题？

2. 中国情人节是哪天？为什么中国人把这天作为情人节？

3. 李白对每年要过两个情人节有什么看法？王语老师同意他的观点吗？

课文二　春节新风俗
Text 2　New customs at the Spring Festival

生词 Vocabulary 09-4

1	风俗	fēngsú	N	custom
2	开学	kāi//xué	VO	term begins
3	过年	guò//nián	VO	to celebrate the Spring Festival
4	区别	qūbié	N	difference
5	篇	piān	M	a measure word for papers, articles...
6	文章	wénzhāng	N	article, essay
7	感人	gǎnrén	Adj	moving, touching
8	题目	tímù	N	title
9	逛街	guàng jiē	VO	to go shopping
10	年货	niánhuò	N	special purchases for the Spring Festival
11	拍照	pāi//zhào	VO	to take a photo
12	时代	shídài	N	era, age

听后练习 Exercises

一、请听第一遍课文，选择正确答案。Listen to the text for the first time and choose the correct answers.

1. 张萌和马小军在聊什么话题？　　　　　　　（　　）

　A. 网上购物　　　　　　　B. 手机拍照

　C. 春节新风俗　　　　　　D. 出门旅游

第九课　传统节日
Lesson 9　Traditional festivals

2. 张萌的春节是怎么过的？　　　　　　　　（　　）

　　A. 和爸妈去旅游　　　　　B. 和爸妈回老家

　　C. 陪爸妈逛街　　　　　　D. 陪爸妈做饭

3. 马小军今年春节为爸妈做了什么？　　　　（　　）

　　A. 教爸妈网购年货

　　B. 带爸妈出去旅游

　　C. 教爸妈手机拍照

　　D. 陪爸妈逛街购物

二、请听第二遍课文，回答问题。Listen to the text for the second time and answer the questions.

　　1. 马小军为什么觉得过春节越来越没意思了？

　　2. 张萌觉得过年最重要的事情是什么？

　　3. 张萌今年春节为爸妈做了什么事情？

三、请听第三遍课文，边听边记，并朗读写好的句子。Listen to the text for the third time. Take notes while listening, and read the written sentences aloud.

1. 这两年我＿＿＿＿觉得过春节没什么意思，吃饭、聊天儿、玩儿手机，跟过周末没＿＿＿＿。

2. 有一篇文章很感人，＿＿＿＿是《做八件事，让爸妈高兴一年》。

3. 现在的新年＿＿＿＿已经和以前的大不一样了！

4. ＿＿＿＿在发展，风俗也在＿＿＿＿。

我来说吧　Let's talk

一、你最喜欢中国的哪个传统节日？这个节目有什么风俗？

二、请你介绍一下自己国家的传统节日，并说说这些传统节日的风俗在今天有哪些新变化，以及为什么会有这些变化。

三、心动不如行动。

请用"照片/简笔画＋关键词"的方式做一张手抄报，向大家介绍一下春节的风俗，要包括传统风俗和现代新风俗。

挑战一下吧　Challenge yourself　　09-5

一、选择正确答案。Choose the correct answers.

1. A. 回家　　　　　　　　　　　　　　（　　）
   B. 赚钱
   C. 唱歌
   D. 旅游

2. A. 网上买不到火车票　　　　　　　　（　　）
   B. 网上买得到火车票
   C. 春节前要早买火车票
   D. 春节前不用早买火车票

3. A. 中国的节日太多了　　　　　　　　（　　）
   B. 所有人都喜欢快乐的节日
   C. 中国人也可以过外国节日
   D. 中国人不可以过外国节日

4. A. 中国传统节日　　　　　　　　　　（　　）
   B. 外国传统节日
   C. 春节旅游经验
   D. 网上购物经验

5. A. 哥哥　　　　　　　　　　　　　　（　　）
   B. 儿子
   C. 爸爸
   D. 丈夫

6. A. 和去年一样　　　　　　　　　　（　）
   B. 还没准备好
   C. 和朋友一起过情人节
   D. 一个人过情人节

7. A. 不送礼物　　　　　　　　　　　（　）
   B. 和以前一样
   C. 送点儿特别的
   D. 送花

8. A. 旅游　　　　　　　　　　　　　（　）
   B. 在家
   C. 看电影
   D. 吃吃喝喝

9. A. 旅游　　　　　　　　　　　　　（　）
   B. 买年货
   C. 看电影
   D. 逛超市

10. A. 春节前一个月　　　　　　　　　（　）
    B. 春节前半个月
    C. 春节前十天
    D. 春节前一周

第十课　养宠物
Lesson 10　Keeping a pet

头脑风暴　Brainstorming

1. 你有宠物吗？请介绍一下你的宠物。
2. 你觉得养宠物有什么好处，又有什么麻烦？

课文一　一起长大
Text 1　Growing up together

🔊 10-1

生词 Vocabulary 🔊 10-2

1	养	yǎng	V	to keep, to raise
2	宠物	chǒngwù	N	pet
3	长大	zhǎngdà		to grow up
4	邻居	línjū	N	neighbor
5	培养	péiyǎng	V	to develop, to cultivate
6	责任心	zérènxīn	N	sense of responsibility
7	科学	kēxué	N	science
8	研究	yánjiū	V	to research
9	证明	zhèngmíng	V	to prove
10	动物	dòngwù	N	animal
11	能力	nénglì	N	ability
12	散步	sàn//bù	VO	to go for a walk
13	负责	fùzé	V	to be responsible for

第十课 养宠物
Lesson 10 Keeping a pet

听后练习 Exercises

一、请听第一遍课文，选择正确答案。Listen to the text for the first time and choose the correct answers.

1. 王语和李思齐在讨论什么？　　　　　　　　（　　）
   A. 有没有时间养宠物
   B. 养宠物是不是很麻烦
   C. 该不该给孩子养宠物
   D. 养宠物应该注意哪些问题

2. 李思齐认为养宠物对孩子有什么好处？　　　（　　）
   A. 让孩子照顾小动物可以培养他的爱心
   B. 让孩子照顾小动物可以减轻父母的负担
   C. 让孩子照顾小动物可以提高他的生活能力
   D. 让孩子照顾小动物可以培养他的学习能力

3. 在米雪家，谁负责照顾宠物？　　　　　　　（　　）
   A. 米雪　　　　B. 小龙　　　　C. 小龙的哥哥　　　　D. 米雪的丈夫

二、请听第二遍课文，判断对错。Listen to the text for the second time and decide whether the following statements are right (√) or wrong (×).

1. 李思齐小时候家里养了一只小猫。　　　　　　　　　　（　　）
2. 王语开始觉得养宠物很麻烦。　　　　　　　　　　　　（　　）
3. 科学研究证明，照顾小动物，可以提高孩子的生活能力。（　　）
4. 米雪认为不应该让孩子照顾宠物。　　　　　　　　　　（　　）
5. 王语和丈夫平时工作都不忙。　　　　　　　　　　　　（　　）

三、请听第三遍课文，回答问题。Listen to the text for the third time and answer the questions.

1. 李思齐养过宠物吗？他认为应该给孩子养宠物吗？
2. 科学研究证明，养宠物对孩子有哪些好处？
3. 米雪给孩子养宠物了吗？在米雪家谁来负责照顾宠物？都要做哪些工作？

课文二 我家的新成员
Text 2   A new member of my family   🔊 10-3

生词 Vocabulary 🔊 10-4

1	成员	chéngyuán	N	member
2	下课	xià//kè	VO	to finish class
3	仔细	zǐxì	Adv	carefully
4	迎接	yíngjiē	V	to welcome
5	到处	dàochù	Adv	everywhere
6	抓伤	zhuāshāng		to scratch and hurt (sb.)
7	预防针	yùfángzhēn		vaccine
8	品种	pǐnzhǒng	N	breed, variety
9	特点	tèdiǎn	N	characteristic, trait
10	掉	diào	V	to shed, to lose
11	毛	máo	N	hair
12	调皮	tiáopí	Adj	naughty
13	这些	zhèxiē	Pron	these
14	实际	shíjì	Adj	actual, practical
15	条件	tiáojiàn	N	condition
16	打扰	dǎrǎo	V	to disturb

听后练习 Exercises

一、请听第一遍课文，选择正确答案。Listen to the text for the first time and choose the correct answers.

1. 王语给孩子养宠物了吗？　　　　　　　　　　（　　）
   A. 已经养了　　　　　　　　B. 决定不养
   C. 还没决定　　　　　　　　D. 对话中没说

2. 养狗之前必须要做的准备不包括：　　　　　（　　）
   A. 给狗洗澡　　　　　　　　B. 给狗打预防针
   C. 得到邻居同意　　　　　　D. 了解狗的品种和特点

3. 以下哪个问题不是王语的担心？　　　　　　（　　）

　　A. 小狗抓伤孩子

　　B. 狗叫打扰邻居

　　C. 工作太忙没时间照顾小狗

　　D. 房间太小不适合养狗

二、请听第二遍课文，回答问题。Listen to the text for the second time and answer the questions.

1. 李思齐认为养狗之前要做好哪些准备？
2. 王语对养宠物这件事主要有哪些担心？
3. 李思齐觉得养狗对孩子有什么好处？

三、请听第三遍课文，边听边记，并朗读写好的句子。Listen to the text for the third time. Take notes while listening, and read the written sentences aloud.

1. 听了你和米雪的话，我有点儿想给孩子养，不过＿＿＿＿，还是觉得很麻烦。
2. 养狗之前，一定要打＿＿＿＿。
3. 这些都要先了解好，根据自己家的＿＿＿＿选择适合的宠物。

我来说吧　Let's talk

一、你会给孩子养宠物吗？为什么？

二、你觉得养宠物之前要注意哪些问题？

三、心动不如行动。

　　现在很多家庭都喜欢养宠物，将宠物作为家庭成员之一，但在城市中生活如果不能文明喂养宠物，也会给周围的邻居带来很多麻烦。请同学们6～8人一组，制作宣传海报，用图画和文字介绍一些养宠物要注意的问题，提倡大家文明喂养宠物，创造良好的生活环境。

挑战一下吧 Challenge yourself 🔊 10-5

一、选择正确答案。Choose the correct answers.

1. A. 养宠物很麻烦　　　　　　　　　　（　）
   B. 养宠物不麻烦
   C. 养宠物对孩子有好处
   D. 养宠物对孩子没好处

2. A. 最好不要养宠物　　　　　　　　　（　）
   B. 养宠物前没什么需要准备的
   C. 养宠物前不用得到邻居的同意
   D. 养宠物前需要得到邻居的同意

3. A. 男的以前养过宠物　　　　　　　　（　）
   B. 男的以前没养过宠物
   C. 男的是宠物医院的医生
   D. 男的知道很多养宠物的知识

4. A. 狗的品种不多　　　　　　　　　　（　）
   B. 狗的特点都差不多
   C. 养狗之前不需要打预防针
   D. 养狗之前一定要打预防针

5. A. 女的不同意养宠物　　　　　　　　（　）
   B. 孩子不帮他一起照顾宠物
   C. 工作太忙没时间照顾宠物
   D. 女的不帮他一起照顾宠物

6. A. 带宠物去医院　　　　　　　　　　（　）
   B. 给宠物喝水
   C. 带宠物去公园
   D. 给宠物洗澡

7. A. 去旅行　　　　　　　　　　　　（　）
   B. 去吃饭
   C. 去逛街
   D. 去商店

8. A. 一定不会　　　　　　　　　　　（　）
   B. 一定会
   C. 可能不会
   D. 无法判断

9. A. 看电影　　　　　　　　　　　　（　）
   B. 听故事
   C. 拍照片
   D. 看照片

10. A. 孩子不想养小狗　　　　　　　　（　）
    B. 男的很想养宠物
    C. 女的不想养宠物
    D. 这家的孩子很小

第十一课 愉快的旅行
Lesson 11 A pleasant journey

头脑风暴 Brainstorming

1. 你喜欢旅行吗？为什么？
2. 你都去过哪些国家和地方旅行？
3. 你能说说旅行中发生的有趣的事情吗？

课文一 日程会不会非常赶？ 11-1
Text 1 Isn't the schedule too tight?

生词 Vocabulary 11-2

1	日程	rìchéng	N	schedule
2	旅行社	lǚxíngshè	N	travel agency
3	放暑假	fàng shǔjià	V O	to have a summer vacation
4	路线	lùxiàn	N	route, itinerary
5	首先	shǒuxiān	Conj	first
6	值得	zhídé	VC	to deserve, to be worth
7	景色	jǐngsè	N	scenery, view
8	场	chǎng	M	*a measure word for performances, etc.*
9	少数民族	shǎoshù mínzú	N	minority ethnic group
	少数	shǎoshù	N	minority
	民族	mínzú	N	nationality, ethnic group
10	表演	biǎoyǎn	N	performance, show
11	往往	wǎngwǎng	Adv	always, usually
12	标准	biāozhǔn	N	standard
13	四星级	sì xīngjí		four-star
14	客人	kèrén	N	guest, client
15	桌	zhuō	M	table, desk

第十一课　愉快的旅行
Lesson 11　A pleasant journey

| 16 | 商量 | shāngliang | V | to discuss, to consult |

特例词

1	畅游旅行社	Chàngyóu Lǚxíngshè	PN	Changyou Travel Agency
2	云南	Yúnnán	PN	Yunnan Province
3	昆明	Kūnmíng	PN	Kunming, capital of Yunnan Province
4	滇池	Diān Chí	PN	Dian Lake
5	石林	Shílín	PN	Stone Forest
6	大理	Dàlǐ	PN	Dali, an autonomous prefecture of Yunnan Province
7	丽江	Lìjiāng	PN	Lijiang, a city of Yunnan Province
8	西双版纳	Xīshuāngbǎnnà	PN	Xishuangbanna, an autonomous prefecture of Yunnan Province

听后练习 Exercises

一、请听第一遍课文，选择正确答案。Listen to the text for the first time and choose the correct answers.

1. 马小军在干什么？　　　　　　　　　　　　　（　）
 A. 正在旅行　　　　　　B. 预定房间
 C. 正在开会　　　　　　D. 咨询旅行社

2. 关于云南八日游，我们可以知道什么？　　　　（　）
 A. 看不到表演　　　　　B. 日程非常赶
 C. 不会特别累　　　　　D. 时间较紧张

3. 关于马小军，我们可以知道什么？　　　　　　（　）
 A. 一人去旅行　　　　　B. 计划去云南
 C. 打算去表演　　　　　D. 认为吃住差

二、请听第二遍课文，判断对错。Listen to the text for the second time and decide whether the following statements are right (√) or wrong (×).

1. 马小军在给旅行社打电话。　　　　　　　　　（　）
2. 马小军在介绍云南旅行路线。　　　　　　　　（　）
3. 看景点的时间应该足够。　　　　　　　　　　（　）

4. 客人只能住在四星级酒店，不能变。　　　（　　）

5. 旅行时，一般十人一个餐桌。　　　　　　（　　）

6. 旅行的价格还可以再商量。　　　　　　　（　　）

三、请听第三遍课文，回答问题。Listen to the text for the third time and answer the questions.

1. 马小军暑假有什么打算？
2. 去云南旅游可以去哪些地方？可以看到什么？
3. 马小军都咨询了哪些方面的问题？
4. 马小军决定去旅行吗？

课文二　祝您旅行愉快！　🔊 11-3
Text 2　Have a pleasant journey!

生词 Vocabulary 🔊 11-4

1	祝	zhù	V	to wish (sb. sth.)
2	愉快	yúkuài	Adj	pleasant
3	海拔	hǎibá	N	altitude
4	直接	zhíjiē	Adj	direct
5	集合	jíhé	V	to gather, to assemble
6	准时	zhǔnshí	Adj	on time
7	举	jǔ	V	to lift, to hold up
8	旗	qí	N	flag
9	航班	hángbān	N	flight
10	起飞	qǐfēi	V	(of a plane) to take off
11	贵姓	guìxìng	N	(*honorific*) surname
12	乘坐	chéngzuò	V	to take (a vehicle), to travel by

特例词

1	玉龙雪山	Yùlóng Xuěshān	PN	Yulong Snow Mountain
2	小金	Xiǎo Jīn	PN	Xiao Jin, a person's name

第十一课　愉快的旅行
Lesson 11　A pleasant journey

听后练习 Exercises

一、请听第一遍课文，选择正确答案。Listen to the text for the first time and choose the correct answers.

1. 导游打电话来做什么？　　　　　　　　　（　　）
   A. 介绍旅行路线
   B. 讨论路线行程
   C. 进行旅行前的提醒
   D. 安排宾馆住宿

2. 关于导游的提醒，我们可以知道什么？　　（　　）
   A. 要穿运动鞋
   B. 不用准备药
   C. 不需要身份证
   D. 在旅行社集合

3. 关于导游，下面哪个正确？　　　　　　　（　　）
   A. 姓金
   B. 八点到机场
   C. 坐飞机到云南
   D. 非常不负责任

二、请听第二遍课文，回答问题。Listen to the text for the second time and answer the questions.

1. 导游提醒了马小军哪些事情？
2. 马小军到机场后怎么找导游？
3. 到昆明后怎样继续旅游？

三、请听第三遍课文，边听边记，并朗读写好的句子。Listen to the text for the third time. Take notes while listening, and read the written sentences aloud.

1. 今天给您打电话，主要是想给您一些出发前的_____。
2. 一定得带好身份证，不然住宾馆会有_____。

3. 那我们后天直接到机场_____就可以吗?
4. 大家找到我,然后等_____起飞就可以了。
5. 大家乘坐飞机到昆明后,会有其他导游专门_____大家在云南的旅行。

我来说吧　Let's talk

一、完成"我的旅行计划"。

　　1. 旅行目标:在你所在的城市来个"一日游"。
　　2. 旅行准备:确定旅游景点。

　　可以上网查找你所在城市的两三个旅游景点,记录下景点名称、景点特色(景观、历史、文化等方面的特色),下载景点图片,为制订旅游计划做准备。

景点信息

序号	景点名称	景点特色	景点图片之一	景点图片之二
1				
2				
3				

　　3. 出行方案:以最经济的价格,规划从出发地到景点的具体线路。

从出发地到景点的行程规划

序号	出发地	目的地	距离	交通方式	乘车线路
1					
2					
3					

二、分组说说让你印象深刻的一次旅行。试着回答以下问题,然后组织成一段话。

　　1. 你去了哪儿?
　　2. 你是跟谁一起去的?
　　3. 你是怎么去的?
　　4. 你在那儿都看到了什么?做了什么?

第十一课　愉快的旅行
Lesson 11　A pleasant journey

挑战一下吧　Challenge yourself　11-5

一、选择正确答案。Choose the correct answers.

1. A. 她喜欢青岛　　　　　　　　　　（　）
   B. 她假期没空
   C. 她要自己去
   D. 她不想吃饭

2. A. 他的日程太满　　　　　　　　　（　）
   B. 他在酒店工作
   C. 他最不爱旅行
   D. 跟旅行社方便

3. A. 她需要准时开会　　　　　　　　（　）
   B. 少数行李是材料
   C. 她没有时间旅行
   D. 云南很值得旅行

4. A. 他正在订房间　　　　　　　　　（　）
   B. 他的日程不变
   C. 他不要房间了
   D. 他的标准变了

5. A. 她认为价格高　　　　　　　　　（　）
   B. 旅游路线很新
   C. 酒店不太干净
   D. 导游不够专业

6. A. 不需要太多行李　　　　　　　　（　）
   B. 家人不会感冒的
   C. 航班会晚点起飞
   D. 应该快点儿搬家

7. A. 女的可能是导游　　　　　　　　（　）
   B. 女的现在在北京
   C. 男的正在打电话
   D. 男的不放心导游

8. A. 女的正在说安排　　　　　　　　（　）
   B. 女的好像在开车
   C. 男的不想去宾馆
   D. 男的有别的安排

9. A. 女的身体很不舒服　　　　　　　（　）
   B. 女的可能是感冒了
   C. 男的不能参加活动
   D. 男的明天不能休息

10. A. 对旅行很满意　　　　　　　　　（　）
    B. 没有时间拍照
    C. 旅行不值得写
    D. 旅游不太愉快

第十二课 爱情的味道
Lesson 12　The taste of love

头脑风暴　Brainstorming

1. 你心情不好的时候会做什么？
2. 如果你的朋友心情不好？你都会怎么帮助他/她？

课文一　爱就勇敢说出来　🔊 12-1
Text 1　Be brave and express your love

生词 Vocabulary 🔊 12-2

1	爱情	àiqíng	N	love (between lovers)
2	勇敢	yǒnggǎn	Adj	brave
3	打招呼	dǎ zhāohu	VO	to say hello
4	失恋	shī//liàn	VO	to be disappointed in a love affair
5	后悔	hòuhuǐ	V	to regret
6	表白	biǎobái	V	to confess one's love
7	理解	lǐjiě	V	to understand
8	朋友圈	péngyouquān		WeChat Moments, a social networking function
9	合影	héyǐng	N	group photo
10	害羞	hài//xiū	Adj	shy, timid
11	部	bù	M	*a measure word for films, novels, etc.*
12	确定	quèdìng	V	to be sure
13	放弃	fàngqì	V	to give up

特例词

1	何清	Hé Qīng	PN	He Qing, a person's name

听后练习 Exercises

一、请听第一遍课文，选择正确答案。 Listen to the text for the first time and choose the correct answers.

1. 马小军为什么最近一直没精神？　　　　　　　　（　　）
   A. 他失恋了　　　　　　　　B. 他没考好
   C. 他没睡好　　　　　　　　D. 他感冒了

2. 马小军认为从失恋中走出来需要多久？　　　　　（　　）
   A. 最少一周　　　　　　　　B. 最多十天
   C. 最少一个月　　　　　　　D. 最多一年

3. 马小军为什么觉得自己还有希望？　　　　　　　（　　）
   A. 何清有个哥哥
   B. 他准备早点表白
   C. 朋友圈里看到的一定不是何清的男朋友
   D. 朋友圈里看到的不一定是何清的男朋友

二、请听第二遍课文，判断对错。 Listen to the text for the second time and decide whether the following statements are right (√) or wrong (×).

1. 马小军失恋了，心情不好。　　　　　　　　　　（　　）
2. 马小军曾经向何清表白过。　　　　　　　　　　（　　）
3. 张萌不认识何清。　　　　　　　　　　　　　　（　　）
4. 朋友圈里看到的不一定是何清的男朋友。　　　　（　　）

三、请听第三遍课文，回答问题。 Listen to the text for the third time and answer the questions.

1. 马小军为什么心情不好？
2. 马小军为什么说"爱情还没开始就结束了"？
3. 马小军为什么说自己没机会了？
4. 马小军为什么又觉得自己还有机会？

第十二课 爱情的味道
Lesson 12　The taste of love

课文二　恋爱先生　　12-3
Text 2　Mr. Right

生词 Vocabulary　12-4

1	电视剧	diànshìjù	N	TV drama
2	总结	zǒngjié	V	to summarize
3	约会	yuēhuì	V	to be on a date
4	有用	yǒu yòng	V O	to be useful
5	身	shēn	M	body
6	汗	hàn	N	sweat
7	邀请	yāoqǐng	V	to invite
8	女生	nǚshēng	N	girl
9	提前	tíqián	V	(to do sth.) in advance
10	讨厌	tǎo//yàn	Adj	hateful, annoying
11	拉	lā	V	to pull
12	留下	liúxia		to leave (behind)
13	印象	yìnxiàng	N	impression
14	话题	huàtí	N	topic
15	顺利	shùnlì	Adj	smooth, successful

听后练习 Exercises

一、请听第一遍课文，选择正确答案。Listen to the text for the first time and choose the correct answers.

1.《恋爱先生》这部电视剧主要讲什么？　　（　　）

　　A. 留学故事

　　B. 爱情故事

　　C. 谈恋爱的方法

　　D. 结婚后的生活

67

2. 根据恋爱先生的经验，邀请女生吃饭前要注意什么？（　　）

   A. 了解周围的环境

   B. 了解女生的爱好

   C. 学会做一些特色菜

   D. 了解餐厅提前做好准备

3. 张萌认为怎样做会给女生留下一个好印象？（　　）

   A. 吃饭的时候不要说话

   B. 多点一些餐厅的特色菜

   C. 聊一些自己感兴趣的话题

   D. 在女生就座的时候帮她拉好椅子

二、请听第二遍课文，回答问题。Listen to the text for the second time and answer the questions.

1. 张萌为什么给马小军推荐《恋爱先生》这部电视剧？

2. 张萌认为约女生吃饭前要做什么？

3. 张萌认为怎样做可以给女生留下好印象？

三、请听第三遍课文，边听边记，并朗读写好的句子。Listen to the text for the third time. Take notes while listening, and read the written sentences aloud.

1. 我最近看了一部_____，叫《恋爱先生》，里面说了很多恋爱方法，你可以学习一下。

2. 根据"恋爱先生"的经验，邀请女生吃饭前要_____做好准备。

3. 如果感觉她不好意思说话，就找些有趣的_____，比如聊聊美食、爱好。

我来说吧　Let's talk

一、你觉得约会时怎样做才会给对方留下好印象？

二、你觉得"恋爱先生"的恋爱方法怎么样？

三、心动不如行动。

请用"简笔画+关键词"的方式，说说你心中理想的恋人是什么样的，介绍一下他／她的特点和你最喜欢他／她的地方。

挑战一下吧　Challenge yourself　🔊 12-5

一、选择正确答案。Choose the correct answers.

1. A. 上大学可以谈恋爱　　　　　　　　（　　）
   B. 上大学和上高中一样
   C. 上大学只能好好学习
   D. 上大学不用好好学习

2. A. 男的失恋了　　　　　　　　　　　（　　）
   B. 小王学习很好
   C. 女同学们不喜欢小王
   D. 小王有很多女朋友

3. A. 约会不用太紧张　　　　　　　　　（　　）
   B. 男的可以留下好印象
   C. 女孩子更喜欢有趣的人
   D. 女孩子更喜欢细心的人

4. A. 恋爱不重要　　　　　　　　　　　（　　）
   B. 一个人也很好
   C. 别人怎么说不重要
   D. 别人怎么说很重要

5. A. 第一次约会最好聊工作　　　　　　（　　）
   B. 第一次约会不能聊太多
   C. 第一次约会说话要很小心
   D. 美食是大家都会觉得有趣的话题

6. A. 书 （ ）
   B. 花
   C. 蛋糕
   D. 衣服

7. A. 去旅行 （ ）
   B. 去看电影
   C. 网上订票
   D. 去餐厅吃饭

8. A. 最近心情很好 （ ）
   B. 最近没有时间
   C. 不想一直在宿舍里
   D. 需要时间慢慢好起来

9. A. 堵车 （ ）
   B. 票卖完了
   C. 下班太晚
   D. 电影不好看

10. A. 丈夫和妻子 （ ）
    B. 哥哥和妹妹
    C. 妈妈和儿子
    D. 老师和学生

第十三课 | 课外生活
Lesson 13　　Life outside the classroom

头脑风暴　Brainstorming

1. 你喜欢听中文歌吗？你会唱什么中文歌？
2. 如果让你在文化节表演节目，你会参加吗？
3. 你在二手市场买过东西吗？

课文一　期待你的节目　13-1
Text 1　I'm looking forward to your program

生词 Vocabulary　13-2

1	弹钢琴	tán gāngqín	V O	to play the piano
2	效果	xiàoguǒ	N	effect
3	观众	guānzhòng	N	audience
4	感动	gǎndòng	V	to move (sb.), to affect (sb.)
5	自信	zìxìn	N	self-confidence
6	谦虚	qiānxū	Adj	modest
7	小品	xiǎopǐn	N	short sketch, skit
8	设计	shèjì	V	to design, to plan, to plot
9	来不及	láibují	V	to be too late (to do sth.)
10	惊喜	jīngxǐ	N	(pleasant) surprise
11	期待	qīdài	V	to look forward to
12	相声	xiàngsheng	N	crosstalk
13	幽默	yōumò	Adj	humorous
14	谜语	míyǔ	N	riddle
15	暂时	zànshí	Adj	temporary, for the time being
16	保密	bǎo//mì	VO	to keep sth. secret

特例词

1	济南茶馆	Jǐnán Cháguǎn	PN	Jinan Teahouse

听后练习 Exercises

一、请听第一遍课文，选择正确答案。Listen to the text for the first time and choose the correct answers.

1. 李白去年文化节表演过什么节目？ （　　）
   A. 唱中文歌
   B. 跳民族舞
   C. 说汉语相声
   D. 猜谜语游戏

2. 关于这次的表演，李白担心什么？ （　　）
   A. 汉语不地道
   B. 选不好歌曲
   C. 准备不充足
   D. 观众不喜欢

3. 关于马小军的表演，我们可以知道什么？ （　　）
   A. 应该很幽默
   B. 没设计奖品
   C. 会唱中国歌
   D. 不需要保密

二、请听第二遍课文，判断对错。Listen to the text for the second time and decide whether the following statements are right (√) or wrong (×).

1. 下周是文化节。 （　　）
2. 李白只是观众。 （　　）
3. 这次李白表演相声。 （　　）
4. 李白担心准备时间不够。 （　　）
5. 马小军自己说相声。 （　　）
6. 相声现在需要保密。 （　　）

第十三课 课外生活
Lesson 13　Life outside the classroom

三、请听第三遍课文，回答问题。 Listen to the text for the third time and answer the questions.

1. 下下周有什么活动？
2. 李白参加过这个活动吗？表演了什么节目？
3. 这次李白有什么节目？
4. 马小军会表演什么节目？

课文二　八成新小冰箱　🔊 13-3
Text 2　A gently used small fridge

生词 Vocabulary 🔊 13-4

1	八成	bāchéng	Q	eighty percent
2	口	kǒu	M	(a measure word for food) mouthful
3	冰淇淋	bīngqílín	N	ice cream
4	多么	duōme	Adv	how, indeed
5	凉快	liángkuai	Adj	cool
6	广告	guǎnggào	N	advertisement
7	降低	jiàngdī	V	to lower, to reduce
8	毕业生	bìyèshēng		graduate
9	跳蚤市场	tiàozao shìchǎng		flea market
10	用品	yòngpǐn	N	articles (of daily use)
11	风扇	fēngshàn	N	electric fan

听后练习 Exercises

一、请听第一遍课文，选择正确答案。 Listen to the text for the first time and choose the correct answers.

1. 李白买到了什么？　　　　　　　　　　（　　）

　　A. 冰箱　　　　　　　　B. 冰淇淋

　　C. 汉语书　　　　　　　D. 小风扇

2. 关于这台冰箱，我们可以知道什么？　　　　（　　）
   A. 有八成新　　　　　　　　B. 是李白的
   C. 是一台新的　　　　　　　D. 不是很干净

3. 关于跳蚤市场，我们可以知道什么？　　　　（　　）
   A. 卖便宜的东西
   B. 卖用过的东西
   C. 只卖生活用品
   D. 只卖学生用品

二、请听第二遍课文，回答问题。Listen to the text for the second time and answer the questions.

1. 李白最近买的冰箱怎么样？
2. 二手冰箱的广告是怎么写的？
3. 李白买的冰箱多少钱？他为什么没讲价？
4. 学校的跳蚤市场会卖哪些东西？
5. 马小军在跳蚤市场买过什么东西？

三、请听第三遍课文，边听边记，并朗读写好的句子。Listen to the text for the third time. Take notes while listening, and read the written sentences aloud.

1. 如果现在能吃上几口冰淇淋，多么 _____ 啊。
2. 前几天我一直 _____ 宿舍楼下的广告，上面的买卖信息还真不少。
3. 我马上回国，想 _____ 一台八成新小冰箱。
4. 冰箱用得很 _____，十分干净，大小也合适。
5. 再过两天，学校毕业生会 _____ 跳蚤市场。

我来说吧　Let's talk

一、做一次活动策划。

你所在的学院要举办一场"中外学生联谊演出"，时间为90分钟。请你来

第十三课　课外生活
Lesson 13　Life outside the classroom

做这场演出的导演,主要工作为征集节目、安排节目单。

1. 征集节目:请写一张动员中外学生参加"中外学生联谊演出"的海报,鼓励大家积极报名,征集各国同学的节目。

2. 节目单:拟订一个节目单。与来自各个国家的同学们商量一下,可以写出每个国家的传统、经典或者流行的节目。

节目单		
节目序号	节目名称	演员国籍
1		
2		
3		
4		
5		
6		
7		
8		
9		
10		

二、仿照课文，写一张二手商品的广告。

挑战一下吧　Challenge yourself　　🔊 13-5

一、选择正确答案。Choose the correct answers.

1. A. 她没有自信　　　　　　　　　　（　）
   B. 她要准备节目
   C. 她下周五没空儿
   D. 她认识新同学

2. A. 他喜欢学汉语　　　　　　　　　（　）
   B. 他想学中文歌
   C. 他期待再表演
   D. 节目设计很差

3. A. 她喜欢唱歌　　　　　　　　　　（　）
   B. 她不看观众
   C. 她唱歌不好
   D. 她不在学校

4. A. 天气不冷不热　　　　　　　　　（　）
   B. 宿舍里没空调
   C. 他们身体很好
   D. 空调可能坏了

第十三课 课外生活 Lesson 13 Life outside the classroom

5. A. 她的同学没来 （ ）
   B. 她来不及付款
   C. 她暂时没手机
   D. 她买了旧手机

6. A. 男的没听过相声 （ ）
   B. 女的会这种表演
   C. 这种表演没意思
   D. 相声表演很幽默

7. A. 他十分紧张 （ ）
   B. 他不去演出
   C. 他没练节目
   D. 他一定成功

8. A. 二手自行车不好 （ ）
   B. 男的快要毕业了
   C. 女的正在拍照片
   D. 女的要买自行车

9. A. 女的东西很多 （ ）
   B. 女的有中国朋友
   C. 男的买过中国地图
   D. 男的不想买汉语书

10. A. 女的明天要表演 （ ）
    B. 女的汉语很流利
    C. 男的汉语不太地道
    D. 男的希望演出顺利

第十四课 健康的生活方式
Lesson 14　A healthy lifestyle

头脑风暴　Brainstorming

1. 想想你一天的生活，哪些是健康的生活方式？
2. 现代社会中，哪些生活习惯不利于身体健康？养成这些习惯的原因是什么？
3. 你觉得年轻人和老年人喜欢的运动有什么不同？

课文一　别当"夜猫子"　14-1
Text 1　Don't be a night owl

生词 Vocabulary　14-2

1	夜猫子	yèmāozi	N	night owl
2	熬夜	áo//yè	VO	to stay up late
3	抽烟	chōu yān	V O	to smoke
4	杀手	shāshǒu	N	killer
5	皮肤	pífū	N	skin
6	大脑	dànǎo	N	brain
7	甚至	shènzhì	Adv	even
8	增加	zēngjiā	V	to increase
9	心脏病	xīnzàngbìng	N	heart disease
10	风险	fēngxiǎn	N	risk
11	敢	gǎn	OpV	to dare (to)
12	困	kùn	Adj	sleepy
13	缺少	quēshǎo	V	to lack
14	死亡	sǐwáng	V	to die
15	大约	dàyuē	Adv	about, approximately
16	倍	bèi	M	times (*used in comparisons*)
17	生命	shēngmìng	N	life

第十四课 健康的生活方式
Lesson 14 A healthy lifestyle

听后练习 Exercises

一、请听第一遍课文，选择正确答案。Listen to the text for the first time and choose the correct answers.

1. 上课的时候李白怎么了？　　　　　　　　　（　　）
   A. 不舒服
   B. 生气了
   C. 想吃饭
   D. 没精神

2. 李白为什么熬夜？　　　　　　　　　　　　（　　）
   A. 写作业
   B. 玩儿游戏
   C. 准备考试
   D. 和父母聊天

3. 经常熬夜可能会得什么病？　　　　　　　　（　　）
   A. 感冒
   B. 肚子疼
   C. 心脏病
   D. 精神病

二、请听第二遍课文，判断对错。Listen to the text for the second time and decide whether the following statements are right (√) or wrong (×).

1. 李白最近准备考试，晚上一两点才睡觉。　　（　　）
2. 李白有时候越到晚上越有精神。　　　　　　（　　）
3. 长时间缺少睡眠会增加死亡风险。　　　　　（　　）
4. 李白决定今晚十点准时睡觉。　　　　　　　（　　）

三、请听第三遍课文，回答问题。Listen to the text for the third time and answer the questions.

1. 王老师说李白是"夜猫子"，"夜猫子"是什么意思？

2. 经常熬夜对身体哪些方面不好？

3. 科学家发现，长时间缺少睡眠的人会怎么样？

4. 听了王老师的话，李白打算怎么做？

课文二　越活越年轻　　14-3
Text 2　Younger than ever

生词 Vocabulary　14-4

1	广场	guǎngchǎng	N	square (in a city or town)
2	以为	yǐwéi	V	to think, to suppose
3	偶尔	ǒu'ěr	Adv	occasionally
4	流行	liúxíng	V	to be popular
5	年纪	niánjì	N	age
6	健身房	jiànshēnfáng	N	gym
7	例如	lìrú	V	to take... for example
8	动作	dòngzuò	N	movement

听后练习 Exercises

一、请听第一遍课文，选择正确答案。Listen to the text for the first time and choose the correct answers.

1. 米雪和王阿姨可能在哪儿说话？　　（　）

   A. 商场

   B. 餐厅

   C. 楼下

   D. 邻居家

2. 王阿姨打算去干什么？　　（　）

   A. 跑步

   B. 跳舞

   C. 购物

   D. 表演

第十四课　健康的生活方式
Lesson 14　A healthy lifestyle

3. 王阿姨一般在哪儿锻炼身体？　　　　　　（　　）

　　A. 广场

　　B. 家里

　　C. 健身房

　　D. 老年活动中心

二、请听第二遍课文，回答问题。Listen to the text for the second time and answer the questions.

　　1. "广场舞"是什么意思？

　　2. 对老年人来说，跳广场舞有什么好处？

　　3. 老年人应该选择什么样的运动？

三、请听第三遍课文，边听边记，并朗读写好的句子。Listen to the text for the third time. Take notes while listening, and read the written sentences aloud.

　　1. 刚开始，我以为阿姨们只是_____出来活动一下，没想到每天晚上都能看到阿姨们在广场上跳舞。

　　2. 是啊，这就是最近很_____的广场舞。

　　3. 例如太极拳、广场舞这样的运动，_____简单，容易记。

我来说吧　Let's talk

一、你的生活里有哪些是健康的好习惯，哪些是不健康的坏习惯？请你根据自己的经历说一说，然后找出改掉坏习惯的方法。

二、请你说一说，中国人的运动方式和你的国家有什么不同？来中国以后，你的运动习惯有了哪些变化？

三、心动不如行动。

　　你的附近有跳广场舞的人吗？请你去看一下。如果有机会，请采访一下他们为什么喜欢广场舞。

挑战一下吧 Challenge yourself　🔊 14-5

一、选择正确答案。Choose the correct answers.

1. A. 多喝热水　　　　　　　　　　（　）
   B. 多住几天
   C. 按时吃药
   D. 锻炼身体

2. A. 感冒了　　　　　　　　　　　（　）
   B. 失败了
   C. 熬夜了
   D. 迟到了

3. A. 家　　　　　　　　　　　　　（　）
   B. 公司
   C. 宾馆
   D. 医院

4. A. 跳舞　　　　　　　　　　　　（　）
   B. 聊天
   C. 听音乐
   D. 逛商店

5. A. 不饿　　　　　　　　　　　　（　）
   B. 不吃辣
   C. 喜欢火锅
   D. 没有时间

6. A. 男的是医生　　　　　　　　　（　）
   B. 女的不舒服
   C. 空气很新鲜
   D. 药效果不好

7. A. 楼下 （ ）
   B. 花园
   C. 广场
   D. 门口

8. A. 注意多休息 （ ）
   B. 请一个老师
   C. 输赢不重要
   D. 关键是坚持

9. A. 最近在减肥 （ ）
   B. 身体不舒服
   C. 味道不喜欢
   D. 男的不喜欢

10. A. 肚子疼 （ ）
    B. 容易生病
    C. 喜欢下雨
    D. 想买衣服

第十五课　不做低头族
Lesson 15　Don't be a phubber

头脑风暴　Brainstorming

1. 你常常使用手机吗？你都用它做什么？
2. 你能坚持多长时间不看手机？
3. 手机除了给生活带来方便，还给我们带来了哪些问题？请举例说明一下。

课文一　放下手机，好好说话
Text 1　Put down your phone and talk properly

🔊 15-1

生词　Vocabulary 🔊 15-2

1	低头族	dītóuzú		phubber (phone + snubber)
2	头	tóu	N	head
3	抬	tái	V	to lift, to raise
4	道歉	dào//qiàn	VO	to apologize
5	光	guāng	Adv	only, merely
6	开玩笑	kāi wánxiào	V O	to crack a joke
7	怀疑	huáiyí	V	to doubt, to suspect
8	使用	shǐyòng	V	to use
9	常	cháng	Adv	often
10	面对面	miànduìmiàn		face to face
11	即使	jíshǐ	Conj	even if
12	醒	xǐng	V	to wake up
13	聚会	jùhuì	V	to get together
14	软件	ruǎnjiàn	N	software
15	无聊	wúliáo	Adj	bored

第十五课　不做低头族
Lesson 15　Don't be a phubber

听后练习 Exercises

一、请听第一遍课文，选择正确答案。Listen to the text for the first time and choose the correct answers.

1. 米雪为什么一直看手机？　　　　　　　　　（　　）
   - A. 有急事
   - B. 生气了
   - C. 聊QQ
   - D. 忙工作

2. 李白觉得手机怎么样？　　　　　　　　　　（　　）
   - A. 很方便
   - B. 不好用
   - C. 带来一些问题
   - D. 很便宜

3. 马小军找米雪有什么事？　　　　　　　　　（　　）
   - A. 聚会很无聊
   - B. 手机不会用
   - C. 肚子不舒服
   - D. 找手机游戏

二、请听第二遍课文，判断对错。Listen to the text for the second time and decide whether the following statements are right (√) or wrong (×).

1. 米雪看起来挺忙的。　　　　　　　　　　　　（　　）
2. 李白跟米雪开了一个玩笑。　　　　　　　　　（　　）
3. 米雪不能从网络世界里醒过来。　　　　　　　（　　）
4. 现在有一种手机游戏非常适合聚会时玩儿。　　（　　）

三、请听第三遍课文，回答问题。Listen to the text for the third time and answer the questions.

1. 李白和米雪见面后，他们都在做什么？
2. 李白真的生气了吗？
3. 米雪觉得我们应该怎么使用手机？
4. 李白对什么很感兴趣？

课文二　专门给低头族的路
Text 2　A road for phubbers

🔊 15-3

生词 Vocabulary 🔊 15-4

1	走廊	zǒuláng	N	corridor
2	危险	wēixiǎn	Adj	dangerous
3	距离	jùlí	V	to be at a distance from
4	楼梯	lóutī	N	stairs
5	万一	wànyī	Conj	in case
6	摔	shuāi	V	to fall, to tumble
7	入口	rùkǒu	N	entrance
8	难道	nándào	Adv	could it be that...
9	及时	jíshí	Adv	in time
10	两回事	liǎnghuíshì		two entirely different things
11	意见	yìjiàn	N	opinion
12	支持	zhīchí	V	to support
13	反对	fǎnduì	V	to oppose

听后练习 Exercises

一、请听第一遍课文，选择正确答案。Listen to the text for the first time and choose the correct answers.

1. 张萌和马小军在哪儿说话？　　　　　　　　　（　　）
   A. 走廊里　　　　　　　　　　B. 教室里
   C. 楼梯上　　　　　　　　　　D. 咖啡厅里

2. 马小军在干什么？　　　　　　　　　　　　　（　　）
   A. 看新闻　　　　　　　　　　B. 想事情
   C. 听音乐　　　　　　　　　　D. 打电话

3. 西安一家商场的入口有什么？　　　　　　　　（　　）
   A. 很多人　　　　　　　　　　B. 很多车
   C. 一条特别的路　　　　　　　D. 一种特别的手机

第十五课　不做低头族
Lesson 15　Don't be a phubber

二、请听第二遍课文，回答问题。Listen to the text for the second time and answer the questions.

1. 低头族是什么意思？

2. 张萌觉得商场应该怎么做？

3. 马小军同意张萌的想法吗？他是怎么想的？

三、请听第三遍课文，边听边记，并朗读写好的句子。Listen to the text for the third time. Take notes while listening, and read the written sentences aloud.

1. 这样很_____，这里距离楼梯口那么近，_____你不小心摔倒了，怎么办？

2. 商场应该做的是_____提醒大家。

3. 我们可以问问大家的_____，看看_____的人多还是_____的人多。

我来说吧　Let's talk

一、你有和别人见面的时候看手机的习惯吗？你觉得这样做好不好？为什么？

二、请你说一说，在你的国家人们使用手机时和中国人有什么不同？

三、心动不如行动。

你的身边有低头族吗？应该怎么帮助他改掉这个习惯？请说一说你的方法，并且去试着做一做。

挑战一下吧　Challenge yourself　15-5

一、选择正确答案。Choose the correct answers.

1. A. 写作业　　　　　　　　　　（　　）
   B. 听音乐
   C. 看电视
   D. 玩手机

2. A. 对不起！　　　　　　　　　（　）
　 B. 没关系！
　 C. 谢谢！
　 D. 再见！

3. A. 很危险　　　　　　　　　　（　）
　 B. 受伤了
　 C. 感冒了
　 D. 出院了

4. A. 没有意思　　　　　　　　　（　）
　 B. 没买到票
　 C. 观众太多
　 D. 座位太少

5. A. 生气　　　　　　　　　　　（　）
　 B. 怀疑
　 C. 难过
　 D. 无聊

6. A. 吃饭　　　　　　　　　　　（　）
　 B. 买衣服
　 C. 玩手机
　 D. 做运动

7. A. 走路摔倒　　　　　　　　　（　）
　 B. 没有朋友
　 C. 不写作业
　 D. 只玩游戏

8. A. 书　　　　　　　　　　　　（　）
　 B. 报纸
　 C. 手机
　 D. 电视

9. A. 应该小心走路 　　　　　　　　　　（　）
　　B. 应该常常看手机
　　C. 应该不要常低头
　　D. 应该买贵的手机

10. A. 去看电影 　　　　　　　　　　　（　）
　　B. 参加比赛
　　C. 参加面试
　　D. 去修手机

第十六课 时间管理
Lesson 16　　Time management

头脑风暴　Brainstorming

1. 你听说过"拖延症"这个词吗？它是什么意思？
2. 你有拖延症吗？它是怎么表现出来的？

课文一　我们都有拖延症　🔊 16-1
Text 1　We all have a procrastination problem

生词 Vocabulary 🔊 16-2

1	管理	guǎnlǐ	V	to manage, to administer
2	拖延症	tuōyánzhèng	N	procrastination
3	期末	qīmò	N	end of a term
4	否则	fǒuzé	Conj	otherwise, or else
5	于是	yúshì	Conj	hence, as a result
6	态度	tàidù	N	attitude
7	积极	jījí	Adj	positive, active
8	自然	zìrán	Adv	naturally
9	拖	tuō	V	to delay
10	故意	gùyì	Adj	intentional
11	可惜	kěxī	Adj	regrettable
12	翻译	fānyì	V	to translate
13	竟然	jìngrán	Adv	*indicating unexpectedness*
14	信心	xìnxīn	N	confidence

特例词

1	圣诞节	Shèngdàn Jié	PN	Christmas

第十六课 时间管理
Lesson 16 Time management

听后练习 Exercises

一、请听第一遍课文，选择正确答案。Listen to the text for the first time and choose the correct answers.

1. 李白在网上做什么？　　　　　　　　　　　　（　）
   A. 玩游戏
   B. 写作业
   C. 看新闻
   D. 见朋友

2. 李白圣诞节做了什么？　　　　　　　　　　　（　）
   A. 学习
   B. 工作
   C. 聚会
   D. 旅行

3. 马小军打算什么时候交作业？　　　　　　　　（　）
   A. 明天早上
   B. 下个星期
   C. 今天晚上
   D. 考试以后

二、请听第二遍课文，判断对错。Listen to the text for the second time and decide whether the following statements are right (√) or wrong (×).

1. 李白和马小军都快要期末考试了。　　　　　　（　）
2. 李白准备明天早上写作业。　　　　　　　　　（　）
3. 李白半个小时以前想起来要写作业。　　　　　（　）
4. 马小军没有拖延症。　　　　　　　　　　　　（　）

三、请听第三遍课文，回答问题。Listen to the text for the third time and answer the questions.

1. 李白第一次告诉马小军他要写作业是什么时候？
2. 李白的学习态度怎么样？

91

3. 拖延症是什么意思？

4. 马小军在忙着做什么？

课文二　聊聊拖延症
Text 2　About procrastination

🔊 16-3

生词 Vocabulary 🔊 16-4

1	咖啡厅	kāfēitīng	N	café, coffee house
2	实话	shíhuà	N	truth
3	借口	jièkǒu	N	excuse (not the true reason)
4	可怜	kělián	Adj	poor, pitiful
5	同情	tóngqíng	V	to sympathize, to feel pity for
6	总	zǒng	Adv	always
7	推迟	tuīchí	V	to delay, to put off
8	弄	nòng	V	to make, to cause
9	难受	nánshòu	Adj	uncomfortable
10	责任	zérèn	N	responsibility
11	项	xiàng	M	a measure word for items, jobs, etc.
12	包括	bāokuò	V	to include
13	接着	jiēzhe	Adv	then, after that
14	啦	la	MdPt	a modal particle used at the end of a sentence to indicate advice, dissuasion, etc.

听后练习 Exercises

一、请听第一遍课文，选择正确答案。Listen to the text for the first time and choose the correct answers.

1. 李思齐、米雪和王语在聊什么？　　　　（　　）

　　A. 工作　　　　　　　　　B. 学习

　　C. 拖延症　　　　　　　　D. 买衣服

第十六课　时间管理

Lesson 16　Time management

2. 王语觉得拖延症是什么？　　　　　　　　　（　　）

   A. 一种流行病　　　　　　B. 一种坏习惯

   C. 一种工作方式　　　　　D. 一种学习态度

3. 米雪觉得拖延症是什么？　　　　　　　　　（　　）

   A. 一种流行病　　　　　　B. 一种坏习惯

   C. 一种工作方式　　　　　D. 一种学习态度

二、请听第二遍课文，回答问题。Listen to the text for the second time and answer the questions.

  1. 王语觉得李思齐应该怎么办？

  2. 米雪是怎样完成一项任务的？

  3. 王语觉得大部分人可以"拖延"吗？为什么？

三、请听第三遍课文，边听边记，并朗读写好的句子。Listen to the text for the third time. Take notes while listening, and read the written sentences aloud.

  1. 那我跟你说句_____，你别不爱听。

  2. 别总想着_____应该做的事，任何工作都要马上开始。

  3. 我觉得有拖延症并不是不负_____。

我来说吧　Let's talk

一、你觉得拖延症需要改吗？为什么？

二、请你说一说，在你的国家有拖延症的人多吗？人们对它是什么态度？

三、心动不如行动。

   如果你或者身边的朋友有拖延症，而且觉得这是一个不好的习惯，那应该怎么改掉这个习惯？请说一说你的方法，并且去试着做一做。

挑战一下吧 Challenge yourself 🔊 16-5

一、选择正确答案。Choose the correct answers.

1. A. 拍了很多照片　　　　　　　　　（　）
   B. 旅行的人很多
   C. 天气不太好
   D. 风景很漂亮

2. A. 同情　　　　　　　　　　　　　（　）
   B. 生气
   C. 感动
   D. 得意

3. A. 感冒了　　　　　　　　　　　　（　）
   B. 受伤了
   C. 心情不好
   D. 想睡懒觉

4. A. 他不相信女的说的话　　　　　　（　）
   B. 他觉得女的写作业了
   C. 他觉得女的在找借口
   D. 他这次也没有带作业

5. A. 下午两点　　　　　　　　　　　（　）
   B. 下午两点半
   C. 下午三点
   D. 下午三点半

6. A. 两天以后　　　　　　　　　　　（　）
   B. 下星期二
   C. 下星期三
   D. 哪天都行

7. A. 她写了一个字　　　　　　　　　（　　）
   B. 她已经写完了
   C. 她写作业很快
   D. 她还没开始写

8. A. 作业非常难　　　　　　　　　　（　　）
   B. 先想好再写
   C. 作业太多了
   D. 应该现在写

9. A. 女的把书看完了　　　　　　　　（　　）
   B. 男的要去书店
   C. 女的不想看书
   D. 男的批评女的

10. A. 他理解有拖延症的人　　　　　　（　　）
    B. 他认识有拖延症的人
    C. 他喜欢有拖延症的人
    D. 他可怜有拖延症的人

录音文本及参考答案
Recording Script and Answer Key

第一课　购物方式
Lesson 1　Ways of shopping

课文一　这个牌子专门做儿童衣服　🔊 01-1

（Mǐ Xuě zài shāngchǎng gěi yí gè péngyou de nǚ'ér tiāoxuǎn yīfu.）
（米雪在商场给一个朋友的女儿挑选衣服。）

shòuhuòyuán：Nín hǎo! Nín xiǎng gěi duō dà de háizi mǎi yīfu? Wǒ kěyǐ gěi nín tuījiàn
售货员：　　您好！您想给多大的孩子买衣服？我可以给您推荐

yíxià.
一下。

Mǐ Xuě：　Wǔ suì, nǚháir, yí gè péngyou de háizi. Wǒ xiǎng kàn yíxià qúnzi.
米雪：　　五岁，女孩儿，一个朋友的孩子。我想看一下裙子。

shòuhuòyuán：Wǒmen diàn de qúnzi hěn duō. Nín kàn zhè jiàn báisè de zěnmeyàng?
售货员：　　我们店的裙子很多。您看这件白色的怎么样？

Mǐ Xuě：　Báisè de hǎokàn, dànshì róngyì zāng. Nà jiàn guàzhe de hóngsè qúnzi tǐng
米雪：　　白色的好看，但是容易脏。那件挂着的红色裙子挺

kě'ài de. Dǎzhé ma?
可爱的。打折吗？

shòuhuòyuán：Dǎ jiǔ zhé.
售货员：　　打九折。

Mǐ Xuě: Yīfu zhìliàng zěnmeyàng?
米雪： 衣服 质量 怎么样？

shòuhuòyuán: Zhège páizi zhuānmén zuò értóng yīfu, zhìliàng hěn hǎo, lái mǎi de rén
售货员： 这个 牌子 专门 做 儿童 衣服，质量 很 好，来 买 的 人

hěn duō.
很 多。

Mǐ Xuě: Yīfu gǎnjué hěn shūfu. Háizi dàgài 1 mǐ 25, yào chuān 130 de.
米雪： 衣服 感觉 很 舒服。孩子 大概 1 米 25，要 穿 130 的。

shòuhuòyuán: Zhēn bù hǎoyìsi, 130 de gāng màiwán, zhǐ yǒu dàhàor de le. Búguò
售货员： 真 不 好意思，130 的 刚 卖完，只有 大号儿 的 了。不过

wǒmen kěyǐ cóng bié de diàn ná yí jiàn lai. Qǐng bǎ dìzhǐ hé diànhuà liú
我们 可以 从 别 的 店 拿 一 件 来。请 把 地址 和 电话 留

yíxià, wǒmen bǎ yīfu jìdào nín jiāli.
一下，我们 把 衣服 寄到 您 家里。

Mǐ Xuě: Nà tài hǎo le, búguò yàoshi chuānzhe bù héshì zěnme bàn?
米雪： 那 太 好 了，不过 要是 穿着 不 合适 怎么 办？

shòuhuòyuán: Méi guānxi, nín zài lái huàn jiù xíng. Rúguǒ háishi juéde bù héshì, tuìhuò
售货员： 没 关系，您 再 来 换 就 行。如果 还是 觉得 不 合适，退货

yě méi wèntí.
也 没 问题。

听后练习 Exercises

一、请听第一遍课文，选择正确答案。

1. D 2. C 3. D 4. B

二、请听第二遍课文，判断对错。

1. √ 2. √ 3. × 4. √ 5. √ 6. √

三、请听第三遍课文,回答问题。

1. 米雪想买裙子。服务员推荐了一件白色的。
2. 这个牌子专门做儿童衣服,质量很好。
3. 衣服没有合适的号码。服务员说可以从别的店拿一件来,然后把衣服寄到米雪的家里。
4. 可以再来换,也可以退货。

课文二　向网购达人好好儿学习

（Mǐ Xuě hé Mǎ Xiǎojūn zài liáotiānr.）
（米雪和马小军在聊天儿。）

Mǐ Xuě: Zuìjìn mángzhe xuéxí, dōu méi shíjiān guàng gòu wù zhōngxīn le.
米雪：最近忙着学习,都没时间逛购物中心了。

Mǎ Xiǎojūn: Wǒ zǎo jiù bú qù shāngchǎng le, píngshí yòng de dōngxi dōu zài wǎng shang jiějué. Xiǎo dào yágāo, xiàngpí, xìnfēng, dà dào jiājù, jiādiàn.
马小军：我早就不去商场了,平时用的东西都在网上解决。小到牙膏、橡皮、信封,大到家具、家电。

Mǐ Xuě: Wǎnggòu a? Wǒ yě shìguo jǐ cì, dàn dōu bú tài chénggōng. Bǐrú nà cì, wǒ gěi háizi mǎile yì tiáo niúzǎikù, zhàopiàn shang mótèr chuānzhe hěn shuài, kàn yàngzi zhìliàng búcuò, jiàgé yě héshì. Dàn mǎi huilai, kùzi yǒudiǎnr wèidào, chuānzhe yě bù shūfu.
米雪：网购啊?我也试过几次,但都不太成功。比如那次,我给孩子买了一条牛仔裤,照片上模特儿穿着很帅,看样子质量不错,价格也合适。但买回来,裤子有点儿味道,穿着也不舒服。

Mǎ Xiǎojūn: Shì a, wǎnggòu yǒushí quèshí yǒu ràng rén bù mǎnyì de dìfang. Búguò,
马小军：是啊,网购有时确实有让人不满意的地方。不过,

rúguǒ hǎohāor tiāoxuǎn, háishi néng mǎidào zhìliàng hǎo yòu piányi de dōngxi.
如果 好好儿 挑选，还是 能 买到 质量 好 又 便宜 的 东西。

Wǒ gāng mǎile yí ge cānzhuō, yòngzhe hái búcuò.
我 刚 买了 一个 餐桌，用着 还 不错。

Mǐ Xuě: Zuìjìn wǒ zhèng xiǎng mǎi cānzhuō ne, kuài gěi wǒ tuījiàn tuījiàn.
米 雪： 最近 我 正 想 买 餐桌 呢，快 给 我 推荐 推荐。

Mǎ Xiǎojūn: Hǎo a, wǒ gěi nǐ fā wǎngzhǐ.
马 小军： 好啊，我 给 你 发 网址。

Mǐ Xuě: Tài hǎo le! Wǒ hái xiǎng gěi érzi mǎi dìtú, gěi lǎogōng mǎi yǔmáoqiúpāi,
米 雪： 太好了！我 还 想 给 儿子 买 地图，给 老公 买 羽毛球拍，

gěi wǒ zìjǐ mǎi yǔfǎshū… Yào mǎi de tài duō le, wǒ yào xiàng nǐ zhège
给 我自己 买 语法书……要 买 的 太 多 了，我 要 向 你 这个

wǎnggòu dárén hǎohāor xuéxí.
网购 达人 好好儿 学习。

听后练习 Exercises

一、请听第一遍课文，选择正确答案。

1. C   2. A   3. A

二、请听第二遍课文，回答问题。

1. 她最近在忙学习。

2. 试过几次，但都不太成功。

3. 马小军很会网购，他刚买了一个餐桌。

4. 米雪打算买餐桌、地图、羽毛球拍、语法书。

三、请听第三遍课文，边听边记，并朗读写好的句子。

1. 购物

2. 成功

3. 模特儿

4. 挑选

5. 网购

挑战一下吧 Challenge yourself 🔊 01-5

一、判断对错。

1. 这条牛仔裤有175的吗？我想试一下。
   ★ 他要退货。　　　　　　　　　　　　　　　　（ × ）

2. 学校附近新开了一家面包店，咱们去买点儿面包当明天的早饭吧。
   ★ 面包价格不高。　　　　　　　　　　　　　　（ × ）

3. 我想在网上买一个羽毛球拍，可是又担心质量和服务有问题。
   ★ 他对网购很放心。　　　　　　　　　　　　　（ × ）

4. 孩子最想要的生日礼物就是一张世界地图，我应该去书店看看。
   ★ 他要去书店买地图。　　　　　　　　　　　　（ √ ）

5. 我们要为新家买个餐桌，你能给推荐一下吗？
   ★ 他们在挑选餐桌。　　　　　　　　　　　　　（ √ ）

二、选择正确答案。

6. 男：这双鞋是从你们店买的，我回去又试了一下，还是觉得有点儿小。
   女：没问题，那就换一双大号儿的吧。
   问：下面哪个正确？　　　　　　　　　　　　　（ C ）

7. 女：我们去超市买点儿东西吧，面包、牛奶、面条儿、水果什么的都要买。
   男：好的，我还想买几瓶啤酒。
   问：男的是什么意思？　　　　　　　　　　　　（ B ）

8. 男：你们留学生在中国也经常网购吗？
   女：当然，书、衣服差不多都在网上买，跟你们一样。

问：女的是什么意思？　　　　　　　　　　　　（ A ）

9. 女：模特儿穿的这条裤子挺不错的，我想给儿子买一件。蓝色的好看还是黑色的好看呢？

　　男：蓝色干净漂亮，还是买件蓝色的吧。

　　问：男的是什么意思？　　　　　　　　　　　（ C ）

10. 男：我想买一本汉语语法书，不过书店里已经买不到了。

　　女：那就到网上看看吧，大概能找到。

　　问：下面哪个正确？　　　　　　　　　　　　（ C ）

第二课 家庭生活

Lesson 2　Home life

课文一　我家的洗衣机坏了　🔊 02-1

(Mǐ Xuě de xǐyījī huài le, tā gěi xǐyījī shòuhòu fúwù dǎ diànhuà.)
(米雪的洗衣机坏了，她给洗衣机售后服务打电话。)

gōngzuò rényuán： Nín hǎo, xǐyījī shòuhòu fúwù, qǐng jiǎng.
工作人员： 您好，洗衣机售后服务，请讲。

Mǐ Xuě： Wèi, nín hǎo, wǒ zhīqián zài nǐmen diàn mǎile yì tái xǐyījī, dànshì
米雪： 喂，您好，我之前在你们店买了一台洗衣机，但是

zuìjìn jīqì de shēngyīn tūrán biàn de tèbié xiǎng, suǒyǐ xiǎng ràng
最近机器的声音突然变得特别响，所以想让

nín lái xiūlǐ yíxià.
您来修理一下。

gōngzuò rényuán： Qǐngwèn, yìbān shénme shíhou xǐyījī de shēngyīn huì biànxiǎng?
工作人员： 请问，一般什么时候洗衣机的声音会变响？

Mǐ Xuě： Jīqì yì kāishǐ gōngzuò jiù huì chūxiàn zhè zhǒng shēngyīn.
米雪： 机器一开始工作就会出现这种声音。

gōngzuò rényuán： Nín shì shénme shíhou mǎi de zhè tái xǐyījī?
工作人员： 您是什么时候买的这台洗衣机？

Mǐ Xuě： Dàgài shì qùnián bā yuè mǎi de, hái zài bǎoxiūqī. Gāng yòng de shíhou,
米雪： 大概是去年八月买的，还在保修期。刚用的时候，

yíqiè dōu hěn zhèngcháng, dànshì qián jǐ tiān bānwán jiā, jiù chūxiàn
一切都很正常，但是前几天搬完家，就出现

zhè zhǒng qíguài de shēngyīn le.
这 种 奇怪的 声音 了。

gōngzuò rényuán: Kěnéng shì bānjiā de shíhou chūxiànle wèntí. Zhèyàng ba, wǒmen
工作人员： 可能 是 搬家 的 时候 出现了 问题。这样 吧， 我们

xiān qù nín jiā jiǎnchá yíxià jīqì. Nín shénme shíhou fāngbiàn?
先 去 您 家 检查 一下 机器。您 什么 时候 方便？

Mǐ Xuě: Jīntiān jiù kěyǐ.
米雪： 今天 就 可以。

gōngzuò rényuán: Qǐng liú yíxià nín de dìzhǐ hé diànhuà, wǒmen mǎshàng pài shīfu
工作人员： 请 留 一下 您的 地址 和 电话，我们 马上 派 师傅

qù jiǎnchá.
去 检查。

Mǐ Xuě: Hǎo de, máfan nín le!
米雪： 好的，麻烦 您 了！

gōngzuò rényuán: Bú kèqi.
工作人员： 不 客气。

听后练习 Exercises

一、请听第一遍课文，选择正确答案。

1. C   2. A   3. B

二、请听第二遍课文，判断对错。

1. ×   2. ×   3. √   4. √   5. ×

三、请听第三遍课文，回答问题。

1. 大概是去年八月买的。

2. 洗衣机一开始工作，声音就会变得很响。

3. 工作人员打算先派师傅去检查一下机器。

课文二 给孩子买空调 02-3

(Zhōumò, Wáng Yǔ dào shāngchǎng mǎi kōngtiáo.)
（周末，王语到商场买空调。）

shòuhuòyuán: Huānyíng guānglín, nín xiǎng mǎi shénme?
售货员： 欢迎光临，您想买什么？

Wáng Yǔ: Wǒ xiǎng kàn yíxià kōngtiáo.
王语： 我想看一下空调。

shòuhuòyuán: Hǎo de, nín xiǎng mǎi nǎ zhǒng kōngtiáo?
售货员： 好的，您想买哪种空调？

Wáng Yǔ: Wǒ xiǎng gěi háizi de fángjiān mǎi yì tái.
王语： 我想给孩子的房间买一台。

shòuhuòyuán: Gěi nín tuījiàn zhè zhǒng ba, zhè shì zhuānmén gěi háizi yòng de kōngtiáo.
售货员： 给您推荐这种吧，这是专门给孩子用的空调。

Tā néng gēnjù háizi de shuìmián qíngkuàng gǎibiàn wēndù hé fēngsù.
它能根据孩子的睡眠情况改变温度和风速。

Wáng Yǔ: Shì ma? Zhège búcuò. Wǒ zuì dānxīn de jiù shì háizi wǎnshang róngyì
王语： 是吗？这个不错。我最担心的就是孩子晚上容易

gǎnmào. Lìngwài, zhè kuǎn kōngtiáo de shēngyīn dà bu dà?
感冒。另外，这款空调的声音大不大？

shòuhuòyuán: Fēicháng xiǎo, jīhū tīng bu jiàn. Zhè kuǎn kōngtiáo jì ānjìng yòu shěng
售货员： 非常小，几乎听不见。这款空调既安静又省

diàn, nín kěyǐ fàngxīn.
电，您可以放心。

Wáng Yǔ: Ǹg, yàngzi yě hěn kě'ài, wǒ nǚ'ér huì xǐhuan de.
王语： 嗯，样子也很可爱，我女儿会喜欢的。

105

售货员：Wǒmen yǒu jǐ zhǒng bùtóng de yánsè, nǚháir yìbān dōu xǐhuan zhè zhǒng hóngsè de.
我们 有 几 种 不同 的 颜色,女孩儿 一般 都 喜欢 这 种 红色 的。

王语：Zhè kuǎn kōngtiáo xiànzài duōshao qián?
这 款 空调 现在 多少 钱?

售货员：Zhè kuǎn yuánjià sìqiān yuán, xiànzài jiàngjià le, dǎ jiǔ zhé, zhǐ xūyào sānqiānliù. Wǒmen hái gěi gùkè tígōng miǎnfèi shòuhòu fúwù.
这 款 原价 四千 元,现在 降价 了,打 九 折,只 需要 三千六。我们 还 给 顾客 提供 免费 售后 服务。

王语：Jiàqián hái kěyǐ. Zhèyàng ba, wǒ xiān guàng yi guàng, ránhòu zài juédìng.
价钱 还 可以。这样 吧,我 先 逛 一 逛,然后 再 决定。

售货员：Hǎo de.
好 的。

听后练习 Exercises

一、请听第一遍课文,选择正确答案。

1. B 2. D 3. B

二、请听第二遍课文,判断对错。

1. × 2. √ 3. × 4. √ 4. ×

三、请听第三遍课文,边听边记,并朗读写好的句子。

1. 温度 风速
2. 安静
3. 九 三千六
4. 免费

录音文本及参考答案
Recording Script and Answer Key

挑战一下吧　Challenge yourself　🔊 02-5

一、判断对错。

1. 我想去买台空调,今天下午你有时间吗?和我去商场吧。
   ★他打算下午去买空调。　　　　　　　　　　（✓）

2. 对不起,您的洗衣机已经过了保修期,我们不能免费修理。
   ★洗衣机可以免费修理。　　　　　　　　　　（✗）

3. 这款冰箱不但声音小,而且省电。你看,现在还打折,咱们就买这款吧。
   ★他对这款冰箱很满意。　　　　　　　　　　（✓）

4. 这台电脑是新款的,不打折,不过那种旧款的可以打八五折。
   ★新电脑可以打折。　　　　　　　　　　　　（✗）

5. 您放心,只要是在我们店买的电视,我们都帮您免费送到家。
   ★这家店免费帮顾客把电视送到家。　　　　　（✓）

二、选择正确答案。

6. 男:我想买一台大电视,你觉得哪种好?
   女:我不太了解,你上网看看大家的推荐吧。
   问:女的是什么意思?　　　　　　　　　　　（C）

7. 女:你在宿舍住得怎么样?
   男:宿舍的空调坏了,晚上热得我睡不着。
   问:男的为什么睡不着?　　　　　　　　　　（D）

8. 男:咱们家的洗衣机声音太大了,是不是快坏了?
   女:昨天还挺好的,今天怎么就这样了?我打电话找人修修吧。
   问:洗衣机怎么了?　　　　　　　　　　　　（A）

9. 女:家里没有水果了,一会儿咱们去超市的时候买一些吧。
   男:好的,咱们吃完饭就去。

问：他们一会儿去哪儿？　　　　　　　　　（B）

10. 男：喂，您好，这里是售后服务，请问有什么可以帮您？
　　女：您好，我买的冰箱出现了一些问题，您可以来修理一下吗？
　　问：女的希望男的干什么？　　　　　　　　（C）

第三课 | 去餐厅
Lesson 3　Going to a restaurant

课文一　想找个靠窗的座位　03-1

(Lǐ Bái hé jǐ gè péngyou zǒujìn yì jiā cāntīng.)
（李白和几个朋友走进一家餐厅。）

fúwùyuán: Xiānsheng, huānyíng guānglín! Qǐngwèn jǐ wèi?
服务员：先生，欢迎光临！请问几位？

Lǐ Bái: Sì wèi. Wǒmen xiǎng zhǎo gè kào chuāng de zuòwèi.
李白：四位。我们想找个靠窗的座位。

fúwùyuán: Hǎo de, qǐng gēn wǒ lái. Zhèr de zuòwèi zhènghǎo kěyǐ kàndào wàimiàn de fēngjǐng.
服务员：好的，请跟我来。这儿的座位正好可以看到外面的风景。

Lǐ Bái: Búcuò. Nǐmen cāntīng yòu zhuāngxiū le, hěn yǒu Zhōngguó wèidào.
李白：不错。你们餐厅又装修了，很有中国味道。

fúwùyuán: Xièxie, xīwàng fàncài yě néng ràng nín chīzhe mǎnyì. Zhè shì càidān. Zuìjìn wǒmen shàngle kǎoyú, nín jǐ wèi yào bu yào cháng yíxià?
服务员：谢谢，希望饭菜也能让您吃着满意。这是菜单。最近我们上了烤鱼，您几位要不要尝一下？

Lǐ Bái: Yǒu péngyou lái chīguo, shuō búcuò. Lái yí gè ba, wēi là jiù kěyǐ, yě búyào tài xián.
李白：有朋友来吃过，说不错。来一个吧，微辣就可以，也不要太咸。

服务员：好的。这个烤鱼不小，你们再点一两个清淡的菜就
可以了。

李白：那就来个西红柿炒鸡蛋吧，酸酸甜甜的，好吃。

服务员：要点什么饮料吗？今天的果汁，第二杯半价。有橙汁、
西瓜汁，还有葡萄汁。

李白：那橙汁和葡萄汁各两杯。

服务员：好的，马上上菜。

听后练习 Exercises

一、请听第一遍课文，选择正确答案。

1. B 2. B 3. D

二、请听第二遍课文，判断对错。

1. √ 2. × 3. √ 4. × 5. ×

三、请听第三遍课文，回答问题。

1. 一家餐厅。这家餐厅环境不错，很有中国味道。

2. 烤鱼。李白知道朋友来吃过烤鱼，味道不错，所以就要了一个。

3. 他们点了一个烤鱼、一个西红柿炒鸡蛋，还有两杯橙汁和两杯葡萄汁。

课文二　你怎么吃都不会胖的

（李白和米雪在餐馆吃完饭。）

李白：今天的午饭吃得怎么样？我推荐的几个菜还好吃吧？

米雪：真不错！我来中国后吃过几次麻婆豆腐，今天这家做得最地道。我最爱的还是烤鸭，味道真棒！怎么办？我打算减肥的，可是今天又吃多了。

李白：中午多吃点儿没关系，你可以百分之百不用担心。

中国有句话说得好："早饭要吃好，午饭要吃饱，晚饭要吃少。"

米雪：这句话我大概明白。"一日之计在于晨"，早上要做好一天的计划，所以早饭吃好才能让人有精神，好好儿开始工作。辛苦一上午，午饭要吃饱，不然下午会饿得肚子疼。晚上要睡觉休息了，吃太多不容易消化，

suǒyǐ zuìhǎo shǎo chī.
所以 最好 少 吃。

Lǐ Bái: Fēnxī de hěn yǒu dàolǐ a, suǒyǐ nǐ búyòng dānxīn zìjǐ zhǎngpàng.
李白： 分析 得 很 有 道理 啊，所以 你 不用 担心 自己 长胖。

Mǐ Xuě: Huà shì zhèyàng shuō, kě rúguǒ měi tiān zhèyàng chī, kǒngpà wǒ hěn kuài
米雪： 话 是 这样 说， 可 如果 每 天 这样 吃，恐怕 我 很 快

jiù yào pàng qilai le.
就 要 胖 起来 了。

Lǐ Bái: Bú huì de, nǐ zěnme chī dōu bú huì pàng de. Zhèyàng ba, zánmen xiànzài
李白： 不会 的，你 怎么 吃 都 不 会 胖 的。 这样 吧，咱们 现在

qù cāochǎng pǎopao bù.
去 操场 跑跑 步。

Mǐ Xuě: Hāhā, háishi suànle ba.
米雪： 哈哈，还是 算了 吧。

听后练习 Exercises

一、请听第一遍课文，选择正确答案。

1. A   2. D   3. C

二、请听第二遍课文，回答问题。

1. 他们点了麻婆豆腐和烤鸭。

2. 早上要做好一天的计划，所以早饭吃好才能让人有精神，好好儿开始工作。辛苦一上午，午饭要吃饱，不然下午会饿得肚子疼。晚上要睡觉休息了，吃太多不容易消化，所以最好少吃。

3. 米雪担心自己很快就会胖起来。李白建议他们现在去操场跑跑步。

三、请听第三遍课文，边听边记，并朗读写好的句子。

1. 地道

2. 精神

3. 消化

4. 道理

5. 操场

挑战一下吧 Challenge yourself 🔊 03-5

一、判断对错。

1. 先生，烤鱼是我们餐厅新上的菜，您可以尝一下。
   ★ 今天饭店的饭菜降价。（×）

2. 来个西红柿炒鸡蛋，再来一碗米饭。
   ★ 他在点菜。（√）

3. 听说这家店今天果汁半价，咱们去看看吧。
   ★ 这家店提供免费果汁。（×）

4. 我爱吃麻婆豆腐，但是只能吃微辣的。
   ★ 他不爱吃太咸的菜。（×）

5. 我觉得最近胖起来了，所以不能吃太饱，吃完还要运动。
   ★ 他正在减肥。（√）

二、选择正确答案。

6. 男：去中国饭店，你能看懂菜单吗？
   女：差不多都看不懂，不过照片百分之百能看懂！
   问：下面哪个正确？（C）

7. 女：你比较喜欢哪些中国菜？
   男：挺多的，好吃的烤鸭，辣辣的麻婆豆腐，酸酸甜甜的西红柿炒鸡蛋，味道都很棒。
   问：男的是什么意思？（B）

8. 男：你好，请问还有座位吗？
   女：还有一个四个人的，靠窗，可以吗？
   问：女的很可能在哪儿工作？　　　　　　　（C）

9. 女：你平时都吃早饭吗？
   男：一般都会吃，"一日之计在于晨"，吃好早饭才有精神。
   问：男的是什么意思？　　　　　　　　　　（A）

10. 男：最近肚子总是有点儿疼。
    女：怎么回事？是不是消化不好？恐怕要去医院检查一下了。
    问：女的是什么意思？　　　　　　　　　　（C）

第四课 | 网络生活

Lesson 4　An Internet lifestyle

课文一　我来图书馆上网　🔊 04-1

（Zhāng Méng hé Lǐ Bái zài túshūguǎn ménkǒu liáotiānr.）
（张萌和李白在图书馆门口聊天儿。）

Zhāng Méng：Zǎo a, Lǐ Bái.
张萌：早啊,李白。

Lǐ Bái：Zǎoshang hǎo, Zhāng Méng.
李白：早上好,张萌。

Zhāng Méng：Jīntiān shì lǐbàitiān, nǐ zěnme lái túshūguǎn le?
张萌：今天是礼拜天,你怎么来图书馆了?

Lǐ Bái：Bié tí le, wǒ běnlái xiǎng zài fángjiān chá zīliào, jiéguǒ sùshè de wǎng
李白：别提了,我本来想在房间查资料,结果宿舍的网

huài le. Méi bànfǎ, wǒ bùdébù lái túshūguǎn shàngwǎng le.
坏了。没办法,我不得不来图书馆上网了。

Zhāng Méng：Túshūguǎn rén nàme duō, wǎngsù kuài ma?
张萌：图书馆人那么多,网速快吗?

Lǐ Bái：Nǐ hái bù zhīdào ba, zánmen xuéxiào huànle xīn de wǎngluò, sùdù tèbié
李白：你还不知道吧,咱们学校换了新的网络,速度特别

kuài. Wúlùn shì chá zīliào háishi kàn diànyǐng, dōu méi wèntí.
快。无论是查资料还是看电影,都没问题。

Zhāng Méng：Wǒ jìde yǐqián zài túshūguǎn shàngwǎng chá zīliào, sùdù tèbié màn,
张萌：我记得以前在图书馆上网查资料,速度特别慢,

115

bàntiān yě dǎ bu kāi wǎngyè. Xiànzài hǎo le, zánmen de xuéxí hé shēnghuó
半天 也打不开 网页。现在 好了,咱们 的学习 和 生活

dōu yuèláiyuè fāngbiàn le.
都 越来越 方便 了。

Lǐ Bái: Nǐ shuō de duì, xiànzài de shēnghuó lí bu kāi hùliánwǎng. Duì wǒmen
李白: 你 说 得 对,现在 的 生活 离不开 互联网。对 我们

liúxuéshēng lái shuō, shàngwǎng hé fùmǔ liáotiānr bùjǐn huā qián shǎo,
留学生 来 说, 上网 和 父母 聊天儿 不仅 花 钱 少,

érqiě hái fāngbiàn, gēn méi chūguó yíyàng!
而且 还 方便, 跟 没 出国 一样!

Zhāng Méng: Shì a, duì wǒmen nǚshēng lái shuō, píngshí zuì dà de àihào jiù shì
张萌: 是啊,对 我们 女生 来 说, 平时 最大的爱好 就是

wǎnggòu le, lián wàiguó de dōngxi yě néng zài wǎng shang mǎidào. Hǎo
网购 了,连 外国 的 东西 也 能 在 网 上 买到。好

le, diàntī dào le, wǒ děi shàng lóu kàn shū le.
了,电梯 到了,我 得 上 楼 看 书 了。

Lǐ Bái: Zǒu, wǒ hé nǐ yìqǐ shàngqu.
李白: 走,我和你一起 上去。

听后练习 Exercises

一、请听第一遍课文,选择正确答案。

1. C 2. A 3. A

二、请听第二遍课文,判断对错。

1. √ 2. × 3. √ 4. × 5. √

三、请听第三遍课文,回答问题。

1. 以前学校的网络速度特别慢,现在特别快。

2. 对他们来说，上网和父母聊天儿不仅花钱少，而且还方便。

3. 可以去网购，在网上可以买到外国的东西。

课文二 支付宝的密码忘了   04-3

（Lǐ Bái gěi Wáng Yǔ lǎoshī dǎ diànhuà.）
（李白给王语老师打电话。）

Wáng lǎoshī：Wèi, nǐ hǎo!
王老师：喂，你好！

Lǐ Bái：Wèi, nín hǎo, Wáng lǎoshī, wǒ shì Lǐ Bái.
李白：喂，您好，王老师，我是李白。

Wáng lǎoshī：Shì Lǐ Bái a, yǒu shénme shì ma?
王老师：是李白啊，有什么事吗？

Lǐ Bái：Shízài bù hǎoyìsi, wǒ yǒu jiàn shì xiǎng qǐng nín bāngmáng, kěyǐ ma?
李白：实在不好意思，我有件事想请您帮忙，可以吗？

Wáng lǎoshī：Shénme shì? Nǐ shuō ba.
王老师：什么事？你说吧。

Lǐ Bái：Zuìjìn wǒ xuéhuìle yòng Zhīfùbǎo, kěshì wǒ tài cūxīn le, bǎ mìmǎ wàng le.
李白：最近我学会了用支付宝，可是我太粗心了，把密码忘了。

Wáng lǎoshī：Bié dānxīn, yìbān kěyǐ yòng diànzǐ yóuxiāng zhǎohuí mìmǎ. Nǐ zài diànnǎo pángbiān ma?
王老师：别担心，一般可以用电子邮箱找回密码。你在电脑旁边吗？

Lǐ Bái：Shìde, lǎoshī, wǒ zài.
李白：是的，老师，我在。

王老师： 你先打开支付宝的网页，选"找回密码"，然后选"用电子邮箱找回"。

李白： 我选完了，老师。

王老师： 好的，然后填上你的邮箱。完成以后，你就会收到一封电子邮件。你按照邮件的要求，重新换个新密码就行了。

李白： 糟糕！我的邮箱密码也忘了。

王老师： 啊？那怎么办呢？对了，你还可以用手机号码找回密码。

李白： 太好了，这个方法我可以试试。

王老师： 记住你的新密码，千万别再忘了。

李白： 好的，真的太感谢您了！

王老师： 不客气，再见！

听后练习 Exercises

一、请听第一遍课文,选择正确答案。

1. C   2. B   3. D

二、请听第二遍课文,填写找回密码的过程。

找回密码   电子邮箱

三、请听第三遍课文,边听边记,并朗读写好的句子。

1. 粗心
2. 邮件
3. 记住

挑战一下吧 Challenge yourself  04-5

一、判断对错。

1. 我家换了新的网络,速度更快了,无论是看电影还是聊天儿,都没问题。
   ★他家的网速不太快。   （ × ）

2. 虽然网上购物给人们提供了很多方便,但网购也带来了很多问题和麻烦。
   ★网购带来了一些问题。   （ √ ）

3. 现在人们越来越离不开手机了,不仅因为手机可以打电话和别人联系,还因为用它上网很方便。
   ★手机有很多用处。   （ √ ）

4. 在中国,有很多网络语言非常有意思,比如数字"6",在网上还有"非常厉害"的意思。
   ★在网上,数字"6"有"非常厉害"的意思。（ √ ）

5. 如果你把微信的密码忘了,可以用电子邮箱或手机号码找回来。
   ★他在说使用电子邮箱的方法。   （ × ）

二、选择正确答案。

6. 男：你这条裙子真漂亮，在哪儿买的？
   女：在网上买的，商店里也有，不过商店里的太贵了，网上正好打折。
   问：关于这条裙子，可以知道什么？　　　　（A）

7. 女：糟糕！我的手机丢了！
   男：那你快打电话告诉你的家人和朋友，再把银行卡、电子邮箱的密码都换了。
   问：女的怎么了？　　　　（D）

8. 男：现在是下午五点，大家都在下班的路上，肯定不容易打车。
   女：别担心，咱们可以在网上叫车，又快又方便。
   问：女的想干什么？　　　　（A）

9. 女：一共四十一块三，您怎么付？
   男：我现金不够，用支付宝吧。
   问：下面哪个正确？　　　　（C）

10. 男：您好，互联网售后中心为您服务。
    女：您好，我家的网有点儿问题，QQ、微信都正常，可是网页打不开。
    问：关于女的，可以知道什么？　　　　（D）

第五课　挑选礼物

Lesson 5　Picking a gift

课文一　礼轻情意重　　05-1

(Lǐ Bái zhèngzài qǐng Zhāng Méng bāng tā tiāoxuǎn lǐwù.)
(李白 正在 请 张 萌 帮 他 挑选 礼物。)

Lǐ Bái: Qián jǐ tiān, Mǐ Xuě gěi wǒ bāngle yí gè dà máng. Yǒu gè shēnqǐng jiǎngxuéjīn
李白：　前几天，米雪给我帮了一个大忙。有个 申请 奖学金

de tōngzhī wǒ bú tài míngbai, jiù qǐng tā gěi wǒ jiǎng le yíxià. Tā nàixīn
的 通知 我不太 明白，就 请 她给 我 讲 了一下。她 耐心

de xiàng wǒ shuōmíngle qíngkuàng, hái bāng wǒ tiánle hěn duō biǎogé.
地 向 我 说明了　情况，还 帮 我 填了 很 多 表格。

Zhāng Méng: Mǐ Xuě hěn rèqíng, tā shì hěn gāoxìng bāngzhù nǐ de.
张 萌：　米雪 很 热情，她 是 很 高兴 帮助 你 的。

Lǐ Bái: Wǒ tèbié gǎnxiè tā, xiǎng sònggěi tā yí fèn lǐwù, kěshì bù zhīdào sòng
李白：　我 特别 感谢她，想 送给 她一 份 礼物，可是 不 知道 送

shénme hǎo.
什么 好。

Zhāng Méng: Tài guì dehuà, Mǐ Xuě yídìng bú huì jiēshòu. Duì le, wǒ jìde Mǐ Xuě
张 萌：　太贵的话，米雪 一定 不会 接受。对 了，我 记得 米 雪

yǒu gè érzi jiào Xiǎolóng, jīnnián gānggāng wǔ suì. Nǐ kěyǐ gěi tā
有个儿子叫 小龙， 今年　 刚刚 五岁。你 可以 给 她

érzi mǎi gè xiǎo wánjù.
儿子 买个 小 玩具。

Lǐ Bái: Zhè lǐwù huì bu huì tài xiǎo le？
李 白： 这礼物会不会太小了？

Zhāng Méng：Bú huì de. Zhōngguórén yǒu jù huà shì "lǐ qīng qíngyì zhòng"， yìsi shì
张 萌： 不会的。中国人有句话是"礼轻情意重"，意思是

lǐwù suīrán bú guì，dàn dàibiǎozhe sòng lǐ rén de xīnyì.
礼物虽然不贵，但代表着送礼人的心意。

Lǐ Bái: Zhège yìsi wǒ míngbai. Sòng lǐwù de shíhou, wǒ jiù gēn Mǐ Xuě zhème
李 白： 这个意思我明白。送礼物的时候，我就跟米雪这么

shuō："Mǐ Xuě, gǎnxiè nǐ bāngzhù wǒ. Zhè shì wǒ gěi Xiǎolóng mǎi de yí
说："米雪，感谢你帮助我。这是我给小龙买的一

fèn xiǎo lǐwù, yìdiǎnr xīnyì qǐng shōuxià！" Mǐ Xuě huì shuō："Lǐ Bái,
份小礼物，一点儿心意请收下！"米雪会说："李白，

nǐ tài kèqi le！"
你太客气了！"

Zhāng Méng：Hāhā， Lǐ Bái, nǐ zhēn cōngming！
张 萌： 哈哈，李白，你真聪明！

听后练习 Exercises

一、请听第一遍课文，选择正确答案。

1. B 2. B 3. D

二、请听第二遍课文，判断对错。

1. √ 2. × 3. √ 4. × 5. ×

三、请听第三遍课文，回答问题。

1. 米雪很热情，非常愿意帮助别人。

2. 张萌觉得送太贵的礼物，米雪不会接受，可以给她的儿子买个小玩具。

3. "礼轻情意重"的意思是礼物虽然不贵，但代表着送礼人的心意。

4. 送礼物的时候，李白打算这么说："米雪，感谢你帮助我。这是我给小龙买的一份小礼物，一点儿心意请收下！"

课文二　我想带点儿更特别的　　05-3

（Lǐ Bái kuài huí guó le, bù zhīdào dài shénme lǐwù gěi jiārén.）
（李白快回国了，不知道带什么礼物给家人。）

Lǐ Bái: Yòu kuài dào jiàqī le, hǎo kāixīn! Búguò gěi jiārén dài diǎnr shénme lǐwù
李白：　又快到假期了，好开心！不过给家人带点儿什么礼物

ne? Zhēn ràng rén tóuténg.
呢？真让人头疼。

Zhāng Méng: Zhōngguóchá zěnmeyàng? Lǜchá, hóngchá, hēichá dōu xíng.
张萌：　中国茶怎么样？绿茶、红茶、黑茶都行。

Lǐ Bái: Zhèxiē wǒ yǐqián dōu dài huiqu guo. Zhè cì, wǒ xiǎng dài diǎnr gèng
李白：　这些我以前都带回去过。这次，我想带点儿更

tèbié de.
特别的。

Zhāng Méng: Nà jiù kǎolǜ yìxiē yǒu dìfāng tèsè de dōngxi ba. Wǒ jìde, yí wèi
张萌：　那就考虑一些有地方特色的东西吧。我记得，一位

Yīngguó péngyou gěi wǒ dàilai yí ge qìchē wánjù, wǒ hěn xǐhuan. Tàiguó
英国朋友给我带来一个汽车玩具，我很喜欢。泰国

péngyou sòngguo wǒ yí ge mùtou xiǎo xiàng, shífēn kě'ài.
朋友送过我一个木头小象，十分可爱。

Lǐ Bái: Zhège zhúyi búcuò. Zhōngguó yě yǒu hěn duō yǒu tèsè de dōngxi, kěshi
李白：　这个主意不错。中国也有很多有特色的东西，可是

wǒ bǐjiào shúxī de jiù zhǐ yǒu zhōngguójié.
我比较熟悉的就只有中国结。

张萌：还有很多啊，比如刺绣、折扇、布老虎什么的，我们一起再找找看。另外，一些中国牌子的饼干、糖果等等，也是不错的选择。

李白：你推荐的这些真不错！关键是它们还有一个优点，就是又小又轻，方便带。

张萌：另外也都不会太贵。

李白：对对对，特别适合我这个穷学生。

听后练习 Exercises

一、请听第一遍课文，选择正确答案。

1. A　2. C　3. C

二、请听第二遍课文，回答问题。

1. 回国给家人带什么礼物让李白头疼。
2. 张萌建议李白买一些有地方特色的东西。
3. 张萌收到过英国汽车玩具、泰国木头小象。
4. 这些礼物的特点一是有中国特色；二是又小又轻，方便带；三是都不会太贵。

三、请听第三遍课文，边听边记，并朗读写好的句子。

1. 特色　2. 可爱　3. 熟悉
4. 选择　5. 优点

录音文本及参考答案
Recording Script and Answer Key

挑战一下吧 Challenge yourself 🔊 05-5

一、判断对错。

1. 这是我自己为你做的一个生日蛋糕。生日快乐!
   ★ 他在过生日。　　　　　　　　　　　　　(×)

2. 孩子们最喜欢的礼物是什么?不是糖果,不是玩具,是父母和他们在一起。
   ★ 孩子们最喜欢玩具。　　　　　　　　　　(×)

3. 这件礼物是我专门挑选的,代表我的一点儿心意,请收下!
   ★ 他在送礼物。　　　　　　　　　　　　　(√)

4. 你的这份礼物太贵了,我不能接受。
   ★ 他收下了礼物。　　　　　　　　　　　　(×)

5. 留学生回国的时候总是想带回一些礼物送给家人、朋友,有地方特色的东西十分合适。
   ★ 留学生可以挑选有特色的礼物。　　　　　(√)

二、选择正确答案。

6. 男:前段时间我去泰国工作了几天,给你带回来一个小象玩具。
   女:实在是太可爱了!你太会选礼物了。
   问:女的是什么意思?　　　　　　　　　　(C)

7. 女:这个周末我要去一个中国朋友家玩儿,需要带点儿礼物去吗?
   男:买点儿水果就可以吧。如果家里有孩子,就买点儿糖果。
   问:下面哪个正确?　　　　　　　　　　　(C)

8. 男:下个月5号就是妈妈生日了,咱们怎么给她过生日呢?
   女:这事我早想好了,生日那天中午咱们一起去饭店请爸妈吃饭。生日礼物也准备好了。妈妈不是喜欢看电影吗?我给她订了那天晚上的电影票。
   问:女的是什么意思?　　　　　　　　　　(A)

9. 女：同事小王刚刚有了孩子，有时间咱们去看一下。带点儿什么礼物好呢？
   男：其实，咱们买的东西不一定是他们需要的，我看还是送个红包吧！
   问：男的是什么意思？　　　　　　　　　　（C）

10. 男：我姐姐快结婚了，我想送点儿特别的东西给她。
    女：他们刚有了新家，可以送他们一幅画。不过"礼轻情意重"，姐姐知道你还是个学生，明白你的心意到了就可以了。
    问：女的是什么意思？　　　　　　　　　　（A）

第六课 | 去银行
Lesson 6　Going to the bank

课文一　我要取钱　🔊 06-1

（Mǎ Xiǎojūn zài yínháng.）
（马 小军 在 银行。）

gōngzuò rényuán：Nín hǎo, qǐngwèn bànlǐ shénme yèwù?
工作 人员：　　您好，请问 办理 什么 业务？

Mǎ Xiǎojūn：Nǐ hǎo, wǒ yào qǔ qián. Qǐngwèn ménkǒu de qǔkuǎnjī huài le ma?
马 小军：　你好，我要取钱。请问 门口 的 取款机 坏了吗？

gōngzuò rényuán：Duì, kǒngpà jīntiān bù néng yòng le. Nín kěyǐ zhǎo chuāngkǒu de
工作 人员：　　对，恐怕 今天 不 能 用 了。您 可以 找 窗口 的

　　　　　　　gōngzuò rényuán bànlǐ, qǐng xiān qǔ gè hàomǎ pái yíxià duì ba.
　　　　　　　工作 人员 办理，请 先 取 个 号码 排 一下 队 吧。

Mǎ Xiǎojūn：Hǎo de, xièxie!
马 小军：　好的，谢谢！

（Yínháng guǎngbō：qǐng 6 hào gùkè dào 1 hào chuāngkǒu bànlǐ yèwù.）
（银行 广播：请6号 顾客 到1号 窗口 办理 业务。）

gōngzuò rényuán：Nín hǎo, nín bànlǐ shénme yèwù?
工作 人员：　　您好，您 办理 什么 业务？

Mǎ Xiǎojūn：Nǐ hǎo, wǒ yào qǔ liǎngqiān kuài qián, zhè shì wǒ de yínhángkǎ.
马 小军：　你好，我要取 两千 块 钱，这是我的 银行卡。

gōngzuò rényuán：Qǐng shūrù nín de mìmǎ.
工作 人员：　　请 输入 您的 密码。

127

马小军：好了，您再帮我看一下卡里还剩多少钱。

工作人员：好，请稍微等一下。这是您的两千元现金和银行卡，您的卡里还有五千三百二十元。您可以办理短信提醒的业务，每次存钱和取钱，您的手机都会收到通知。

马小军：收费吗？

工作人员：第一年免费，从第二年开始，每个月两块钱手续费。

马小军：那请给我办理短信提醒吧。

工作人员：好的，请给我您的身份证和手机号码，我这就帮您办理。

听后练习 Exercises

一、请听第一遍课文，选择正确答案。

1. C   2. A   3. D

二、请听第二遍课文，判断对错。

1. × 2. √ 3. × 4. × 5. √

三、请听第三遍课文，回答问题。

1. 因为银行门口的取款机坏了。

2. 取钱和短信提醒业务。

3. 每次存钱和取钱，手机都会收到通知。

课文二　外国人办银行卡麻烦吗？　06-3

（Mǎ Xiǎojūn zài xuéxiào li yùdàole Lǐ Bái.）
（马小军在学校里遇到了李白。）

Mǎ Xiǎojūn：Lǐ Bái, hǎojiǔ bú jiàn, nǐ zhè shì qù nǎr a?
马小军：李白，好久不见，你这是去哪儿啊？

Lǐ Bái：Āi, Xiǎojūn, wǒ zhènghǎo yào qù zhǎo nǐ ne.
李白：哎，小军，我正好要去找你呢。

Mǎ Xiǎojūn：Zhǎo wǒ? Yǒu shì ma?
马小军：找我？有事吗？

Lǐ Bái：Wǒ dǎsuàn bàn yì zhāng Zhōngguó de yínhángkǎ, kěshì wǒ bù zhīdào yào
李白：我打算办一张中国的银行卡，可是我不知道要

dài shénme cáiliào, bàn shénme shǒuxù.
带什么材料，办什么手续。

Mǎ Xiǎojūn：Qíshí hěn jiǎndān, nǐ zhǐ xūyào dài hùzhào jiù kěyǐ le. Nǐ xiān zài yínháng
马小军：其实很简单，你只需要带护照就可以了。你先在银行

tián yì zhāng biǎogé, ránhòu dào yínháng chuāngkǒu, gàosu gōngzuò rényuán
填一张表格，然后到银行窗口，告诉工作人员

nǐ yào bàn yínhángkǎ, tā huì bāng nǐ bànhǎo de.
你要办银行卡，他会帮你办好的。

李白：银行的人挺多的吧，需要等很长时间吗？

马小军：学校对面那家银行的人挺多的，但办银行卡的过程却不复杂。对了，我建议你顺便办理网上银行，这样更方便。

李白：是呀，现在在中国，不管干什么，都离不开互联网。

马小军：没错，不过你要小心。尽管互联网很方便，但是你也不要随便相信网上的付款信息。可能会有人骗你的钱。

李白：谢谢你的提醒，我会注意的。如果遇到问题，我一定先来问你。

听后练习 Exercises

一、请听第一遍课文，选择正确答案。

1. B　2. D　3. C

二、请听第二遍课文，回答问题。

1. 先在银行填表格，然后到窗口找工作人员办银行卡。

2. 银行的人挺多，但办理过程并不复杂。

3. 不要随便相信网上的付款信息。

三、请听第三遍课文，边听边记，并朗读写好的句子。

1. 材料　2. 表格　3. 复杂

挑战一下吧　Challenge yourself　06-5

一、判断对错。

1. 咱们学校门口的银行经常排队，所以你最好早点儿去。你还可以办理一下网上银行，这样取钱、存钱都会方便多了。

    ★他在银行排队。　　　　　　　　　　　　　（×）

2. 我以前常常忘带钱包，想买东西却没钱买。后来我开始用手机付款，觉得十分方便。

    ★用手机付款很方便。　　　　　　　　　　　（√）

3. 你不是要参加HSK考试吗？今天晚上网上报名就结束了，你怎么还没交钱？

    ★明天还可以网上报名。　　　　　　　　　　（×）

4. 几乎所有商店都可以用手机付款，不过你要小心，有人可能会用互联网骗钱。

    ★手机付款不一定安全。　　　　　　　　　　（√）

5. 外国人想办银行卡其实很简单，只需要带着护照到银行窗口，告诉工作人员你要办银行卡，他就会帮你办好的。

    ★外国人办银行卡的过程很复杂。　　　　　　（×）

二、选择正确答案。

6. 男：现在手机银行很方便，不过你千万不要随便告诉别人你的密码，也不要随便相信网上的付款信息。

女：谢谢你的提醒，我会注意的。
问：男的是什么意思？　　　　　　　　　　　　　　（B）

7. 女：先生，请您输入密码。
   男：好的，再帮我查一查银行卡里剩多少钱，可以吗？
   问：男的最可能在哪儿？　　　　　　　　　　　　（A）

8. 男：电影快开始了，我先把网上买的电影票取出来，然后在门口等你。
   女：好的，我还有两站，一会儿就到。
   问：男的先去干什么？　　　　　　　　　　　　　（C）

9. 女：我想办一张信用卡，手续麻烦吗？需要什么材料？
   男：一点儿也不麻烦，你给银行打个电话，工作人员会告诉你的。
   问：女的想干什么？　　　　　　　　　　　　　　（D）

10. 男：银行排队的人太多了，我打算在银行开门前就去门口等着。
    女：不用这么麻烦吧？现在网上银行多方便啊，你去银行干什么？我看看网上银行能不能办理。
    问：女的是什么意思？　　　　　　　　　　　　　（C）

第七课　兴趣爱好

Lesson 7　　Interests and hobbies

课文一　你是京剧社团的　　🔊 07-1

（Lǐ Bái hé Mǐ Xuě zǒu zài xiàoyuán li.）
（李白和米雪走在校园里。）

Lǐ Bái: Nǐ kàn, jīntiān xiàoyuán li zhēn rènao! Nàxiē tóngxué zài máng shénme?
李　白：你看，今天校园里真热闹！那些同学在忙什么？

Mǐ Xuě: Jīntiān xuéxiào shètuán jǔxíng huódòng.
米　雪：今天学校社团举行活动。

Lǐ Bái: Kàn qilai tǐng yǒu yìsi de.
李　白：看起来挺有意思的。

Mǐ Xuě: Zánmen guòqu kànkan ba!
米　雪：咱们过去看看吧！

Lǐ Bái: Hǎo a! Duì le, wǒ xiǎng qilai le, nǐ shì jīngjù shètuán de. Shàng xuéqī nǐ
李　白：好啊！对了，我想起来了，你是京剧社团的。上学期你

hái dài wǒ kànguo nǐmen de yǎnchū ne! Tèbié jīngcǎi!
还带我看过你们的演出呢！特别精彩！

Mǐ Xuě: Wǒ yǐqián zhǐ shì duì jīngjù bǐjiào gǎn xìngqù, dàole shètuán cái zhīdào jīngjù
米　雪：我以前只是对京剧比较感兴趣，到了社团才知道京剧

yǒu nàme duō zhuānyè zhīshi!
有那么多专业知识！

Lǐ Bái: Nǐ zài shètuán li shōuhuò hěn dà a! Zánmen xuéxiào dōu yǒu nǎxiē shètuán?
李　白：你在社团里收获很大啊！咱们学校都有哪些社团？

Mǐ Xuě: Dàgài yǒu zhèyàng jǐ zhǒng ba. Yī shì xuéxí fāngmiàn de, bǐrú Yīngyǔ shètuán;
米雪：大概 有 这样 几 种 吧。一 是 学习 方面 的，比如 英语 社团；

èr shì àihào fāngmiàn de, bǐrú tǐyù shètuán, yìshù shètuán shénmede; sān
二 是 爱好 方面 的，比如 体育 社团、艺术 社团 什么的；三

shì shèhuì shíjiàn fāngmiàn de, nǐ kàn, jìzhě shètuán jiù shì.
是 社会 实践 方面 的，你 看，记者 社团 就 是。

Lǐ Bái: Hǎo fēngfù a! Yǒu méiyǒu wǎngqiú shètuán?
李白：好 丰富 啊！有 没有 网球 社团？

Mǐ Xuě: Dāngrán yǒu, jiù zài nàbiān.
米雪：当然 有，就 在 那边。

Lǐ Bái: Tài hǎo le!
李白：太 好 了！

听后练习 Exercises

一、请听第一遍课文，选择正确答案。

  1. B   2. A   3. B   4. B

二、请听第二遍课文，判断对错。

  1. √   2. √   3. ×   4. √   5. ×   6. √

三、请听第三遍课文，回答问题。

  1. 今天校园里有社团活动。

  2. 米雪是京剧社团的。她在京剧社团了解到很多专业知识，收获很大。

  3. 学校社团主要有学习、爱好和社会实践方面的。

  4. 李白想参加网球社团。

课文二 兴趣是最好的老师   07-3

（Wáng Yǔ lǎoshī zài hé Lín Yàn lǎoshī liáotiānr.）
（王语老师在和林燕老师聊天儿。）

Wáng Yǔ: Lín lǎoshī, jìde nǐ jiā Lèle zài xué wéiqí, xué dé zěnmeyàng le?
王语：林老师，记得你家乐乐在学围棋，学得怎么样了？

Lín Yàn: Lèle shì wǔ suì bàn kāishǐ xué de, duì wéiqí hěn gǎn xìngqù, xiànzài hái zài jiānchí xué. Píngshí liànxí, zhōumò ànshí shàngkè.
林燕：乐乐是五岁半开始学的，对围棋很感兴趣，现在还在坚持学。平时练习，周末按时上课。

Wáng Yǔ: Zhēn hǎo! Wǒ zhīdào, xià wéiqí xūyào yǒu hěn hǎo de zhùyìlì, bùrán yì mǎhu, hǎo jīhuì jiù sòng gěi duìshǒu le. Lìngwài, xià wéiqí jiù xiàng bǐsài, huì yǒu shū yǒu yíng, yǒu shíhou kěnéng yìzhí shū.
王语：真好！我知道，下围棋需要有很好的注意力，不然一马虎，好机会就送给对手了。另外，下围棋就像比赛，会有输有赢，有时候可能一直输。

Lín Yàn: Duì a, háizi yíngle jiù hěn déyì, shūle huì hěn bù kāixīn. Búguò xià wéiqí duì tā lái shuō, bú shì rènwu, shì yì zhǒng hǎowánr de yóuxì.
林燕：对啊，孩子赢了就很得意，输了会很不开心。不过下围棋对他来说，不是任务，是一种好玩儿的游戏。

Wáng Yǔ: Duì, duì háizi lái shuō, xìngqù shì zuì hǎo de lǎoshī. Xiànzài wǒ zhōuwéi de xǔduō māma ràng háizimen shàng bù shǎo xìngqùbān, shénme gāngqín, wǎngqiú, Yīngyǔ. Háizimen zhēn de xǐhuan ma?
王语：对，对孩子来说，兴趣是最好的老师。现在我周围的许多妈妈让孩子们上不少兴趣班，什么钢琴、网球、英语。孩子们真的喜欢吗？

Lín Yàn: Àihào duì háizi yǒu hǎochu. Dàn duìyú háizi lái shuō, xué shénme, hái yào kàn

林燕： 爱好 对 孩子 有 好处。但 对于 孩子 来 说，学 什么，还要 看

tāmen zìjǐ de xìnggé hé xìngqù. Jiù ràng tāmen duō qù shì yíxià ba, zuìhòu

他们 自己 的 性格 和 兴趣。就 让 他们 多 去 试 一下 吧，最后

zìjǐ qù xuǎnzé.

自己 去 选择。

Wáng Yǔ: Nín shuō de yǒu dàolǐ.

王语： 您 说 得 有 道理。

听后练习 Exercises

一、请听第一遍课文，选择正确答案。

1. B 2. A 3. A

二、请听第二遍课文，回答问题。

1. 下围棋。

2. 下围棋需要很好的注意力。另外，下围棋就像比赛，会有输有赢，有时候可能一直输。

3. 下围棋对乐乐来说，不是任务，是一种好玩儿的游戏。

4. 要看他们自己的性格和兴趣，让他们多去试一下，最后自己去选择。

三、请听第三遍课文，边听边记，并朗读写好的句子。

1. 坚持

2. 马虎

3. 得意

4. 任务

5. 性格

录音文本及参考答案
Recording Script and Answer Key

挑战一下吧　Challenge yourself　🔊 07-5

一、判断对错。

1. 从小妈妈让我学习网球，那时候我觉得学习网球又累又没意思，不过长大了，才感觉到有一个体育爱好的好处。
   ★ 学习网球有好处。　　　　　　　　　　　（√）

2. 从这个周一到周五，学校各个社团都会举办活动，感兴趣的同学可以去看看，报名参加自己喜欢的社团。
   ★ 最近社团没有活动。　　　　　　　　　　（×）

3. 小王是专业成绩第一名的学生。他不仅学习好，篮球打得也好，经常参加很多篮球比赛。
   ★ 小王篮球打得很棒。　　　　　　　　　　（√）

4. 每周五下午六点的汉语社团是我非常喜欢的一个地方。在那里，我认识了很多中国朋友，练习了汉语，还认识了不少外国朋友，知道了很多文化知识。
   ★ 汉语社团每周都有。　　　　　　　　　　（√）

5. 平时我的工作很忙，但一到周末我就会完全放松自己，去爬爬山、踢踢球、游游泳。这样很好，既放松了心情，又锻炼了身体。
   ★ 他一到周末就很忙。　　　　　　　　　　（×）

二、选择正确答案。

6. 男：马上就暑假了，乐乐有什么安排？
   女：我给孩子报了游泳班。他喜欢学，不觉得是一个任务。学会游泳，对于孩子来说很重要，以后也是一个爱好。
   问：女的是什么意思？　　　　　　　　　　（A）

7. 女：你父母在家会觉得没意思吗？
   男：才不会呢，他们一起去上了老年大学，学习了音乐专业。这不，过两天还有毕业演出呢！

137

问：关于男的的父母，我们可以知道什么？　　　　　（B）

8. 男：真没想到你的字写得这么漂亮！

　女：谢谢，我喜欢写字还是因为爷爷。小时候在爷爷家，他常常练习写字，我也学着他的样子写。慢慢地，我觉得练习写字能让我安静下来，心情放松。

　问：女的是什么意思？　　　　　（B）

9. 女：今天我们去看了林老师的京剧演出，真是太精彩了！

　男：我也去看了，演出非常成功！我听说，林老师一开始学京剧只是一个爱好，没想到练习了几年，都能进行专业演出了。真是为她高兴！

　问：男的是什么意思？　　　　　（A）

10. 男：我的一个朋友十分喜欢门票，什么公园的门票啊、展览的门票啊，她已经有上千张了。

　女：我还是第一次听说有人有这种爱好，太好玩儿了。我特别爱看电影，不过看完电影，票就没了，真应该留下来。

　问：女的是什么意思？　　　　　（A）

第八课 环境保护

Lesson 8　Environmental protection

课文一　我打算骑车去郊区转转　🔊 08-1

（Lǐ Bái hé Lǐ Sīqí lǎoshī zài tǎolùn zhōumò de ānpái.）
（李白和李思齐老师在讨论周末的安排。）

Lǐ Bái：Lǐ lǎoshī, míngtiān jiù shì zhōumò le, nín yǒu shénme dǎsuan ma?
李　白：李老师，明天就是周末了，您有什么打算吗？

Lǐ lǎoshī：Wǒ dǎsuan míngtiān qí chē qù jiāoqū zhuànzhuan. Tīngshuō hěn duō shù de yèzi
李老师：我打算明天骑车去郊区转转。听说很多树的叶子

　　　　dōu biànhóng le, hěn piàoliang.
　　　　都变红了，很漂亮。

Lǐ Bái：Jiāoqū hěn yuǎn a, nín wèi shénme bù kāichē qù? Qí zìxíngchē duō lèi a!
李　白：郊区很远啊，您为什么不开车去？骑自行车多累啊！

Lǐ lǎoshī：Kāichē huì wūrǎn huánjìng a! Zài shuō, qí zìxíngchē bú huì dǔchē.
李老师：开车会污染环境啊！再说，骑自行车不会堵车。

Lǐ Bái：Wǒ fāxiàn, zhōngguórén yuèláiyuè zhòngshì bǎohù huánjìng le. Lái Zhōngguó
李　白：我发现，中国人越来越重视保护环境了。来中国

　　　　yǐqián, wǒ tīngshuō Zhōngguó de kōngqì bú tài hǎo, suǒyǐ yìzhí hěn dānxīn.
　　　　以前，我听说中国的空气不太好，所以一直很担心。

　　　　Kěshì láile yǐhòu wǒ fāxiàn, Běijīng chàbuduō měi tiān dōu shì lán tiān bái yún.
　　　　可是来了以后我发现，北京差不多每天都是蓝天白云。

Lǐ lǎoshī：Qián jǐ nián Zhōngguó de kōngqì wūrǎn wèntí bǐjiào yánzhòng, yí dào dōngtiān,
李老师：前几年中国的空气污染问题比较严重，一到冬天，

wǒ jiù juéde bízi bù shūfu. Yě zhèng yīnwèi zhèyàng, rénmen kāishǐ zhòngshì
我就觉得鼻子不舒服。也正因为这样，人们开始重视

huánjìng wèntí. Zài dàjiā de nǔlì xià, Zhōngguó de kōngqì zhìliàng yǒule
环境问题。在大家的努力下，中国的空气质量有了

hěn dà de tígāo.
很大的提高。

李白：Wǒ juéde, huánbǎo jì shì dà shì yòu shì xiǎo shì. Dà shì shì yīnwèi dìqiú shì
李白：我觉得，环保既是大事又是小事。大事是因为地球是

wǒmen gòngtóng de jiā, xiǎo shì shì yīnwèi měi gè rén dōu yào yǎngchéng
我们共同的家，小事是因为每个人都要养成

huánbǎo de xíguàn.
环保的习惯。

李老师：Nǐ shuō de hěn hǎo! Zěnmeyàng, zhōumò yìqǐ qí chē qù jiāoqū ba?
李老师：你说得很好！怎么样，周末一起骑车去郊区吧？

李白：Hǎo a! Nà jīntiān wǎnshang wǒ yào duō chī yìdiǎnr!
李白：好啊！那今天晚上我要多吃一点儿！

听后练习 Exercises

一、请听第一遍课文，选择正确答案。

1. C   2. C   3. B

二、请听第二遍课文，判断对错。

1. ×   2. √   3. √   4. √

三、请听第三遍课文，回答问题。

1. 开车会污染环境，而且会堵车。
2. 前几年中国的空气污染问题比较严重。
3. 中国的空气质量有了很大的提高。
4. 大事是因为地球是我们共同的家，小事是因为每个人都要养成环保的习惯。

录音文本及参考答案
Recording Script and Answer Key

课文二 地球是我们共同的家　08-3

（Mǎ Xiǎojūn zài cǎifǎng Wáng xiānsheng.）
（马小军在采访王先生。）

Mǎ Xiǎojūn： Wáng xiānsheng, nín hǎo! Gǎnxiè nín jiēshòu wǒmen de cǎifǎng, qǐng nín tántan duì huánjìng bǎohù de kànfǎ. Nín juéde zuìjìn jǐ nián, wǒmen de huánjìng yǒu shénme biànhuà?
马小军： 王先生，您好！感谢您接受我们的采访，请您谈谈对环境保护的看法。您觉得最近几年，我们的环境有什么变化？

Wáng xiānsheng： Wǒ juéde wǒmen de huánjìng yuèláiyuè hǎo le, bǐrú zhíwù gèng duō le, kōngqì gèng hǎo le. Zuì zhòngyào de shì, rénmen yuèláiyuè zhòngshì huánjìng bǎohù le.
王先生： 我觉得我们的环境越来越好了，比如植物更多了，空气更好了。最重要的是，人们越来越重视环境保护了。

Mǎ Xiǎojūn： Nà nín rènwéi, wèi shénme huì yǒu zhèxiē biànhuà ne?
马小军： 那您认为，为什么会有这些变化呢？

Wáng xiānsheng： Yī shì yīnwèi huánjìng wūrǎn yǐnqǐle hěn duō wèntí, suǒyǐ rénmen yuèláiyuè zhòngshì huánbǎo wèntí le. Èr shì yīnwèi zhèngfǔ duì huánjìng de zhìlǐ. Sān shì yīnwèi wǒmen měi gè rén de nǔlì, bǐrú gòu wù shí bú yòng sùliàodài, jiéyuē yòng shuǐ、 yòng diàn děng.
王先生： 一是因为环境污染引起了很多问题，所以人们越来越重视环保问题了。二是因为政府对环境的治理。三是因为我们每个人的努力，比如购物时不用塑料袋，节约用水、用电等。

Mǎ Xiǎojūn: Quèshí shì zhèyàng. Búguò, réngrán yǒu yìxiē rén bú zhòngshì huánbǎo wèntí.
马小军： 确实是这样。不过，仍然有一些人不重视环保问题。

Wáng xiānsheng: Shìde. Bǎohù huánjìng, wǒmen hái yào zuò hěn duō nǔlì.
王先生： 是的。保护环境，我们还要做很多努力。

Mǎ Xiǎojūn: Guānyú huánjìng wèntí, nín hái yǒu shénme xiǎng shuō de?
马小军： 关于环境问题，您还有什么想说的？

Wáng xiānsheng: Dìqiú shì wǒmen gòngtóng de jiā, xīwàng dàjiā dōu néng bǎohù měi yì kē shù, jiéyuē měi yì dī shuǐ.
王先生： 地球是我们共同的家，希望大家都能保护每一棵树，节约每一滴水。

Mǎ Xiǎojūn: Hǎo de, jīntiān de cǎifǎng jiù dào zhèr, zàicì gǎnxiè nín!
马小军： 好的，今天的采访就到这儿，再次感谢您！

Wáng xiānsheng: Bú kèqi.
王先生： 不客气。

听后练习 Exercises

一、请听第一遍课文，选择正确答案。

1. ✕   2. ✓   3. ✕   4. ✓   5. ✓

二、请听第二遍课文，回答问题。

1. 环境越来越好了。

2. 一是因为人们越来越重视环保问题，二是因为政府对环境的治理，三是因为每个人的努力。

3. 仍然有人不重视环保问题，人们还要做很多努力。

三、请听第三遍课文，边听边记，并朗读写好的句子。

1. 引起   2. 政府   3. 塑料袋

录音文本及参考答案
Recording Script and Answer Key

挑战一下吧　Challenge yourself　　🔊 08-5

一、判断对错。

1. 你洗水果的时候，把水关小一点儿，这样太浪费了，应该节约用水。
   ★洗水果时应该把水关小一点儿。　　　　　　（ √ ）

2. 小张，听说你想知道一些关于环保的问题，我给你介绍一位王先生，你可以采访他，他会告诉你很多对环保的看法。
   ★小张的专业是环保。　　　　　　　　　　　（ × ）

3. 妈妈，超市不再提供免费塑料袋了，我给您买了一个购物袋。以后买东西的时候，您就用这种购物袋吧，质量很好，而且很环保。
   ★超市没有免费塑料袋。　　　　　　　　　　（ √ ）

4. 很多人喜欢开车上下班，他们觉得汽车又快又方便。但是我觉得骑自行车不但可以锻炼身体，而且不会污染空气。
   ★他喜欢骑自行车。　　　　　　　　　　　　（ √ ）

5. 保护环境需要每个人的努力。比如，购物时少用塑料袋，节约用水、用电，离开房间时关灯，不要乱扔垃圾，等等，这些都会让我们的生活环境更好。
   ★每个人都应该重视环保。　　　　　　　　　（ √ ）

二、选择正确答案。

6. 男：我出门的时候忘了关灯。
   女：那太浪费电了，我一会儿回家关了吧。
   问：男的怎么了？　　　　　　　　　　　　　（ C ）

7. 女：先生，一会儿您吃完饭，需要自己把垃圾带走。
   男：没问题，谢谢你的提醒。
   问：男的在干什么？　　　　　　　　　　　　（ B ）

8. 男：听说你考上大学了，学什么专业呢？

143

女：我学环保专业，因为环境保护越来越重要，我以后想做关于环保的工作。

问：下面哪个正确？　　　　　　　　　　　　（D）

9. 女：那家工厂搬走了，是吗？

   男：对，因为那家工厂的空气污染问题比较严重。听说以后那儿会有一个新的森林公园。

   问：那家工厂怎么样？　　　　　　　　　　（C）

10. 男：这些垃圾桶的颜色为什么不一样呢？

    女：你看，牛奶瓶子应该放在绿的垃圾桶里，塑料袋应该放在红的垃圾桶里。

    问：他们最有可能在干什么？　　　　　　　（C）

第九课 传统节日

Lesson 9　Traditional festivals

课文一　每天都是情人节　🔊 09-1

（Lǐ Bái zài túshūguǎn mén qián yùjiàn Wáng Yǔ lǎoshī.）
（李白在图书馆门前遇见王语老师。）

Lǐ Bái: Wáng lǎoshī, wǒ yǒu gè wèntí bù míngbai, xiǎng qù túshūguǎn zhǎo xiē shū
李白：　王老师，我有个问题不明白，想去图书馆找些书

kàn, yòu bù zhīdào gāi zhǎo shénme shū.
看，又不知道该找什么书。

Wáng lǎoshī: Shénme wèntí? Yěxǔ wǒ néng gěi nǐ yìxiē bāngzhù.
王老师：　什么问题？也许我能给你一些帮助。

Lǐ Bái: Wǒ tīng Zhōngguó péngyou shuō, zhōngguórén měi nián zhìshǎo yào guò
李白：　我听中国朋友说，中国人每年至少要过

liǎng gè Qíngrén Jié, shì zhèyàng ma?
两个情人节，是这样吗？

Wáng lǎoshī: Zhōngguórén xǐhuan guòjié, yóuqí xǐhuan làngmàn de jiérì, suǒyǐ
王老师：　中国人喜欢过节，尤其喜欢浪漫的节日，所以

liànrénmen huì zài 2 yuè 14 rì Xīfāng Qíngrén Jié zhè tiān, hùxiāng sòng
恋人们会在2月14日西方情人节这天，互相送

lǐwù, yìqǐ guòjié.
礼物，一起过节。

Lǐ Bái: Chúle Xīfāng Qíngrén Jié, Zhōngguó Qíngrén Jié shì nǎ tiān ne? Shì qīxī ma?
李白：　除了西方情人节，中国情人节是哪天呢？是七夕吗？

Wáng lǎoshī: Nǐ jìrán zhīdào qīxī, nà yě yīnggāi tīngguo Niúláng Zhīnǚ de gùshi ba.
王老师： 你既然知道七夕，那也应该听过牛郎织女的故事吧。

Yīnwèi zhège měilì de chuánshuō, hěn duō rén dōu bǎ qīxī, yě jiù shì nónglì de qī yuè chūqī, zuòwéi Zhōngguó Qíngrén Jié.
因为这个美丽的传说，很多人都把七夕，也就是农历的七月初七，作为中国情人节。

Lǐ Bái: Wǒ míngbai le! Nà zhèyàng shuō, Zhōngguó měi nián yǒu liǎng gè Qíngrén Jié. Měi gè jiérì dōu yào zhǔnbèi lǐwù ma? Tài máfan le!
李白： 我明白了！那这样说，中国每年有两个情人节。每个节日都要准备礼物吗？太麻烦了！

Wáng lǎoshī: Huà bù néng zhème shuō, duì liànrénmen lái shuō, měi tiān dōu shì Qíngrén Jié!
王老师： 话不能这么说，对恋人们来说，每天都是情人节！

听后练习 Exercises

一、请听第一遍课文，选择正确答案。

1. A　2. A　3. A

二、请听第二遍课文，判断对错。

1. ×　2. √　3. √　4. √

三、请听第三遍课文，回答问题。

1. 李白的问题是：中国人每年至少要过两个情人节吗？
2. 农历的七月初七。因为牛郎织女的美丽传说，中国人就把这天作为情人节了。
3. 李白认为，每年要过两个情人节太麻烦了。王语老师不同意他的观点。

课文二 春节新风俗 🔊 09-3

（Xuéxiào kāixué le, Mǎ Xiǎojūn hé Zhāng Méng zài tǎolùn Chūnjié shì zěnme guò de.）
（学校开学了,马小军和张萌在讨论春节是怎么过的。）

Mǎ Xiǎojūn: Tīngshuō nǐ guònián chūqu lǚyóu le, qù nǎr wánr le?
马小军：　听说你过年出去旅游了,去哪儿玩儿了？

Zhāng Méng: Wǒ hé bà-mā yìqǐ qùle Shànghǎi, wánr de hěn kāixīn. Nǐ de Chūnjié
张萌：　我和爸妈一起去了上海,玩儿得很开心。你的春节

guò de zěnmeyàng?
过得怎么样？

Mǎ Xiǎojūn: Xiànzài hěn duō rén dōu zài Chūnjié chūqu lǚyóu. Zhè liǎng nián wǒ
马小军：　现在很多人都在春节出去旅游。这两年我

yuèláiyuè juéde guò Chūnjié méi shénme yìsi, chī fàn, liáotiānr, kàn
越来越觉得过春节没什么意思,吃饭、聊天儿、看

shǒujī, gēn guò zhōumò méi qūbié.
手机,跟过周末没区别。

Zhāng Méng: Shì a, qíshí guònián zuì zhòngyào de jiù shì hé jiārén zài yìqǐ.
张萌：　是啊,其实过年最重要的就是和家人在一起。

Mǎ Xiǎojūn: Yǒu yì piān wénzhāng hěn gǎnrén, tímù shì《Zuò Bā Jiàn Shì, Ràng Bà-Mā
马小军：　有一篇文章很感人,题目是《做八件事,让爸妈

Gāoxìng Yì Nián》, bǐrú, péi bà-mā guàng yí cì jiē, zuò yí cì fàn, jiāo
高兴一年》,比如,陪爸妈逛一次街、做一次饭,教

bà-mā wǎnggòu děng.
爸妈网购等。

Zhāng Méng: Nà nǐ zuòle nǎ jǐ jiàn?
张萌：　那你做了哪几件？

Mǎ Xiǎojūn: Wǒ jiāohuìle bà-mā wǎnggòu, jīnnián wǒ jiā de niánhuò dōu shì zài wǎng shang
马小军： 我教会了爸妈网购，今年我家的年货都是在网上

mǎi de, kuàidì dào jiā, shěngle lǎomā wǎng chāoshì pǎo le.
买的，快递到家，省了老妈往超市跑了。

Zhāng Méng: Wǒ jiāohuìle bà-mā yòng shǒujī pāizhào, xiànzài bà-mā jīngcháng fā zhàopiàn
张萌： 我教会了爸妈用手机拍照，现在爸妈经常发照片

gěi wǒ ne!
给我呢！

Mǎ Xiǎojūn: Xiànzài de xīnnián fēngsú yǐjīng hé yǐqián de dà bù yíyàng le!
马小军： 现在的新年风俗已经和以前的大不一样了！

Zhāng Méng: Shì a, shídài zài fāzhǎn, fēngsú yě zài biànhuà.
张萌： 是啊，时代在发展，风俗也在变化。

听后练习 Exercises

一、请听第一遍课文，选择正确答案。

1. C   2. A   3. A

二、请听第二遍课文，回答问题。

1. 因为他觉得过春节就是吃饭、聊天儿、看手机，跟过周末没区别。

2. 张萌觉得过年最重要的事情是和家人在一起。

3. 她教会了爸妈用手机拍照。

三、请听第三遍课文，边听边记，并朗读写好的句子。

1. 越来越   区别

2. 题目

3. 风俗

4. 时代   变化

录音文本及参考答案
Recording Script and Answer Key

挑战一下吧　Challenge yourself　

一、选择正确答案。

1. 男：过春节最重要的就是和家人在一起。
   女：你说得对，就像歌里唱的："有钱没钱，回家过年。"
   问：他们认为春节最重要的事是什么？　（A）

2. 女：现在上网就可以买到火车票，很方便。
   男：不过春节回家的人很多，火车票一定要早点儿买。
   问：男的是什么意思？　（C）

3. 男：我发现中国人喜欢过节，不管是中国节日，还是外国节日，只要是快乐的节日，都可以过。
   女：不只是中国人，没有人不喜欢快乐的节日！
   问：女的是什么意思？　（B）

4. 女：今年春节我和爸妈准备去旅游，你觉得去哪儿好？
   男：这篇文章介绍了一些春节旅游的经验，比如适合春节旅游的地方有哪些，怎么玩儿最省钱等。
   问：这篇文章介绍了什么？　（C）

5. 男：亲爱的，情人节想要什么礼物？
   女：情人节送什么礼物不重要，更重要的是和爱的人在一起。
   问：男的可能是女的的什么人？　（D）

6. 女：情人节准备怎么过？
   男：有什么好准备的？
   女：你怎么了？
   男：今年过没有情人的情人节。
   问：男的准备怎么过今年的情人节？　（D）

7. 男：今年情人节送什么礼物给女朋友呢？

149

女：送点特别的。

男：送花怎么样？

女：每年都送花。

问：女的建议男的情人节送什么？　　　　　　　　　　（C）

8. 女：这两年我越来越觉得过春节没什么意思。

男：是啊，在家吃吃喝喝，跟过周末没区别。

女：最好是出去旅游。

男：好主意！

问：女的想怎么过春节？　　　　　　　　　　　　　（A）

9. 男：快看，网上的年货价格真便宜！

女：真的，比超市都便宜。

男：还快递到家。

女：真方便！

问：他们最有可能在干什么？　　　　　　　　　　　（B）

10. 女：听说春节可以在网上买回家的火车票了。

男：是吗？越来越方便了！

女：买票的人这么多，不知道能不能买到。

男：春节前一个月就可以在网上买票了，还是早点儿买吧。

问：最早什么时候可以在网上买到春节回家的火车票？　（A）

第十课 养宠物

Lesson 10　Keeping a pet

课文一　一起长大　🔊 10-1

（Wáng Yǔ zài xuéxiào cāntīng hé Mǐ Xuě, Lǐ Sīqí yìqǐ liáotiānr.）
（王语在学校餐厅和米雪、李思齐一起聊天儿。）

Wáng Yǔ: Sīqí, nǐ jiā yǒu chǒngwù ma? Zuìjìn nǚ'ér yìzhí shuō xiǎng yǎng xiǎo gǒu.
王语：思齐，你家有宠物吗？最近女儿一直说想养小狗。

Lǐ Sīqí: Wǒ xiǎoshíhou xǐhuan hé línjū jiā de xiǎo māo yìqǐ wánr, jīngcháng xiǎng rúguǒ zìjǐ yě néng yǎng chǒngwù jiù hǎo le.
李思齐：我小时候喜欢和邻居家的小猫一起玩儿，经常想如果自己也能养宠物就好了。

Mǐ Xuě: Xiǎolóng sān suì yǐhòu, péngyou sòng gěi tā yì zhī xiǎo gǒu, yìzhí shì Xiǎolóng de hǎo péngyou.
米雪：小龙三岁以后，朋友送给他一只小狗，一直是小龙的好朋友。

Wáng Yǔ: Shì a, wǒ kāishǐ juéde yǎng chǒngwù hěn máfan, búguò tīng péngyoumen shuō, háizi hé xiǎo chǒngwù zài yìqǐ huì péiyǎng tāmen de zérènxīn, wǒ juéde yě yǒu dàolǐ.
王语：是啊，我开始觉得养宠物很麻烦，不过听朋友们说，孩子和小宠物在一起会培养他们的责任心，我觉得也有道理。

Lǐ Sīqí: Kēxué yánjiū zhèngmíng, sì suì yǐhòu de háizi, huì rènwéi chǒngwù shì zìjǐ
李思齐：科学研究证明，四岁以后的孩子，会认为宠物是自己

de hǎo péngyou, zhàogù xiǎo dòngwù, kěyǐ tígāo tāmen de shēnghuó nénglì.
的好 朋友，照顾 小 动物，可以 提高 他们的 生活 能力。

米雪: Mǐ Xuě: Shuō de yǒu dàolǐ, zài wǒ jiā, gěi xiǎo gǒu xǐzǎo, dài tā sànbù, dōu shì Xiǎolóng
说 得有道理，在我家，给 小 狗 洗澡，带它散步，都是 小龙

fùzé, tā shuō zìjǐ shì xiǎo gǒu de "gēge", yīnggāi zhàogù "dìdi".
负责，他说自己 是 小 狗 的"哥哥"，应该 照顾"弟弟"。

王语: Wáng Yǔ: Yǒu yì piān wénzhāng, tímù shì 《Nǐ Péi Wǒ Zhǎngdà, Wǒ Péi Nǐ Biànlǎo》, xiě
有一篇 文章， 题目是《你陪我 长大，我 陪你变老》，写

de shì yí gè xiǎo nǚháir hé tā de xiǎo gǒu yìqǐ zhǎngdà de gùshi, hěn gǎnrén.
的是一个小 女孩儿和她的小 狗一起 长大 的 故事，很感人。

Wǒ hé lǎogōng gōngzuò máng, méi shíjiān péi tā wánr. Gěi nǚ'ér yǎng chǒngwù,
我 和老公 工作 忙，没 时间陪她玩儿。给女儿 养 宠物，

xiǎo dòngwù kěyǐ péi tā yìqǐ zhǎngdà.
小 动物 可以陪她一起 长大。

听后练习 Exercises

一、请听第一遍课文，选择正确答案。

1. C 2. C 3. B

二、请听第二遍课文，判断对错。

1. × 2. √ 3. √ 4. × 5. ×

三、请听第三遍课文，回答问题。

1. 他没有养过宠物，他认为应该给孩子养宠物。

2. 科学研究证明，养宠物可以提高孩子的生活能力。

3. 她给孩子养了一只小狗。在米雪家，是儿子小龙来负责照顾宠物，他要给小狗洗澡，带它散步。

课文二　我家的新成员　🔊 10-3

（Xiàkè hòu, Wáng Yǔ hé Lǐ Sīqí zài bàngōngshì liáotiānr.）
（下课后，王语和李思齐在办公室聊天儿。）

Lǐ Sīqí: Wáng lǎoshī, nín gěi háizi yǎng xiǎo gǒu le ma?
李思齐： 王老师，您给孩子养小狗了吗？

Wáng Yǔ: Tīngle nǐ hé Mǐ Xuě de huà, wǒ yǒudiǎnr xiǎng gěi háizi yǎng, búguò zǐxì xiǎngxiang, háishi juéde hěn máfan.
王语： 听了你和米雪的话，我有点儿想给孩子养，不过仔细想想，还是觉得很麻烦。

Lǐ Sīqí: Yào yíngjiē zhège xīn chéngyuán, quèshí xūyào zài gè fāngmiàn zuòhǎo zhǔnbèi.
李思齐： 要迎接这个新成员，确实需要在各方面做好准备。

Wáng Yǔ: Shì a, xiǎo gǒu dàochù pǎo, yàoshi bù xiǎoxīn zhuāshāng háizi zěnme bàn?
王语： 是啊，小狗到处跑，要是不小心抓伤孩子怎么办？

Lǐ Sīqí: Yǎng gǒu zhīqián, yídìng yào dǎ yùfángzhēn. Gǒu de pǐnzhǒng bù tóng, tèdiǎn yě bù tóng: yǒude róngyì diào máo, yǒude tèbié tiáopí. Zhèxiē dōu yào xiān liǎojiě hǎo, gēnjù zìjǐ jiā de shíjì tiáojiàn xuǎnzé shìhé de chǒngwù.
李思齐： 养狗之前，一定要打预防针。狗的品种不同，特点也不同：有的容易掉毛，有的特别调皮。这些都要先了解好，根据自己家的实际条件选择适合的宠物。

Wáng Yǔ: Wǒ yě dānxīn xiǎo gǒu jiào, huì dǎrǎo línjū.
王语： 我也担心小狗叫，会打扰邻居。

Lǐ Sīqí: Juédìng yǎng gǒu zhīqián zuìhǎo gēn línjū shuō yíxià, dédào línjū de tóngyì.
李思齐： 决定养狗之前最好跟邻居说一下，得到邻居的同意。

Wáng Yǔ: Jiāli yǒu gè háizi jiù gòu lèi le, mángwán gōngzuò máng háizi, nǎr yǒu
王语：家里有个孩子就够累了，忙完 工作 忙 孩子，哪儿有

shíjiān zhàogù xiǎo gǒu?
时间 照顾 小 狗？

Lǐ Sīqí: Nín kěyǐ ràng háizi fùzé zhàogù xiǎo gǒu, néng péiyǎng tā de zérènxīn, zhè
李思齐：您可以让孩子负责照顾小 狗，能 培养 她 的 责任心，这

duì háizi hěn yǒu hǎochù.
对孩子很 有 好处。

Wáng Yǔ: Wǒ xūyào duō liǎojiě yíxià zài juédìng.
王语： 我 需要 多 了解一下 再 决定。

听后练习 Exercises

一、请听第一遍课文，选择正确答案。

  1. C   2. A   3. D

二、请听第二遍课文，回答问题。

  1. 养狗之前需要给狗打预防针，了解狗的品种和特点，得到邻居的同意。
  2. 她主要担心小狗会抓伤孩子，狗叫会打扰邻居，自己没时间照顾小狗。
  3. 他觉得养狗可以培养孩子的责任心。

三、请听第三遍课文，边听边记，并朗读写好的句子。

  1. 仔细想想
  2. 预防针
  3. 实际条件

挑战一下吧 Challenge yourself

一、选择正确答案。

  1. 男：最近儿子一直说想养小狗，但我觉得养宠物很麻烦。

录音文本及参考答案
Recording Script and Answer Key

女：科学研究证明，四岁大的孩子会把宠物当作自己的好朋友，照顾小动物，可以提高孩子的生活能力。

问：女的是什么意思？　　　　　　　　　　（C）

2. 女：我已经决定给孩子养宠物了，不过迎接新成员前确实要做好各方面的准备。

   男：先别着急，你最好先跟邻居说一下，得到邻居的同意再养。

   问：男的是什么意思？　　　　　　　　　（D）

3. 男：第一次养狗，我什么都不会，真担心照顾不好它。

   女：小李是宠物医院的医生，你养宠物之前可以多问问他，他会告诉你很多养宠物的知识。

   问：关于这段对话，我们可以知道什么？　（B）

4. 女：狗的品种不同，特点也不同：有的容易掉毛，有的特别调皮。

   男：还要注意，养狗之前，一定要打预防针。

   问：关于这段对话，我们可以知道什么？　（D）

5. 男：我想给孩子养宠物，但担心工作太忙没时间照顾它。

   女：别担心，孩子也会帮你一起照顾宠物。

   问：男的担心什么？　　　　　　　　　　（C）

6. 女：听说你家里的小狗生病了。

   男：不吃饭也不喝水，真让人担心。

   女：附近有一家宠物医院不错。

   男：谢谢，我下午就带它去看看。

   问：男的打算干什么？　　　　　　　　　（A）

7. 男：出门旅行带小狗很不方便，放在家里又不放心。

   女：把它放在宠物商店吧。

   男：可以吗？

   女：放心吧，他们照顾宠物很负责。

   问：男的打算去干什么？　　　　　　　　（A）

8. 女：听说以后可以带宠物一起坐飞机了！
   男：那你这次旅行可以带宠物了。
   女：但我还是觉得带宠物上飞机太麻烦了。
   男：没错，还是别带了。
   问：女的会带宠物上飞机吗？　　　　　　　　　　（C）

9. 男：照片上这个小孩子是你吗？
   女：是啊。
   男：小狗是你养的吗？真可爱！
   女：是，这只小狗是我小时候最好的朋友。
   问：他们最可能在干什么？　　　　　　　　　　　（D）

10. 女：这只小狗真可爱。
    男：但是它太调皮了。
    女：孩子一定很喜欢。
    男：孩子太小了，还是过两年再考虑养宠物吧。
    问：关于这段对话，我们可以知道什么？　　　　　（D）

第十一课 | 愉快的旅行
Lesson 11　　A pleasant journey

课文一　日程会不会非常赶？　🔊 11-1

(Mǎ Xiǎojūn zhèngzài gěi lǚxíngshè dǎ diànhuà wèn lǚxíng de shìqing.)
（马小军　正在　给旅行社打电话　问　旅行的事情。）

lǚxíngshè: Nín hǎo! Chàngyóu Lǚxíngshè. Qǐngwèn yǒu shénme kěyǐ bāng nín?
旅行社：　您好！　畅游　旅行社。请问　有　什么可以　帮　您？

Mǎ Xiǎojūn: Kuài fàng shǔjià le, wǒ dǎsuàn jiàqī hé fùmǔ yìqǐ qù Yúnnán lǚyóu, nǐ
马小军：　快　放　暑假了，我打算假期和父母一起去云南　旅游，你

gěi tuījiàn yíxià lùxiàn ba.
给推荐　一下路线吧。

lǚxíngshè: Wǒmen de Yúnnán bā rì yóu tǐng búcuò de, gěi nín jièshào yíxià. Shǒuxiān
旅行社：　我们　的 云南 八日游 挺　不错的，给您　介绍　一下。首先

qù Kūnmíng, Diān Chí, Shílín hěn zhídé yí kàn, jǐngsè měilì, hái néng
去 昆明，　滇池、石林 很　值得一看，景色美丽，还　能

kàndào jǐ chǎng shǎoshù mínzú de biǎoyǎn; ránhòu, cóng Kūnmíng xiàng xīběi
看到 几场　少数　民族的表演；然后，从　昆明　向 西北

kěyǐ qù Dàlǐ hé Lìjiāng, xiàng xīnán kěyǐ qù Xīshuāngbǎnnà.
可以 去 大理和丽江，向　西南 可以去　西双版纳。

Mǎ Xiǎojūn: Tīng qilai hái búcuò! Lǚyóu rìchéng huì bu huì fēicháng gǎn? Yǐqián gēn tuán
马小军：　听起来还不错！旅游　日程　会不会　非常　赶？以前　跟　团

lǚyóu, wǎngwǎng shì yí gè jǐngdiǎn yí gè jǐngdiǎn de pǎo, tèbié lèi.
旅游，往往　是一个　景点　一个　景点　地跑，特别　累。

lǚxíngshè：Bú huì de, zhǔyào jǐngdiǎn huì ānpái zúgòu de shíjiān.
旅行社： 不会的，主要 景点 会安排 足够 的 时间。

Mǎ Xiǎojūn：Nà chī, zhù fāngmiàn shì shénme biāozhǔn?
马 小军： 那 吃、住 方面 是 什么 标准？

lǚxíngshè：Sì xīngjí jiǔdiàn, yě kěyǐ gēnjù kèrén de xūyào qù gèng hǎo de jiǔdiàn.
旅行社： 四星级 酒店，也 可以 根据 客人的 需要 去 更 好 的 酒店。

Fàn yìbān shí rén yì zhuō, bā cài yì tāng.
饭一般 十 人一桌，八 菜 一 汤。

Mǎ Xiǎojūn：Hái kěyǐ. Jiàgé ne?
马 小军： 还 可以。价格 呢？

lǚxíngshè：Zhège Yúnnán bā rì yóu yuánjià liùqiān bābǎi yuán, xiànzài liùqiān wǔbǎi yuán.
旅行社： 这个 云南 八日游 原价 六千 八百 元，现在 六千 五百 元。

Jiàgé shì bù néng zài piányi le.
价格 是 不 能 再 便宜 了。

Mǎ Xiǎojūn：Ng, zhèyàng ba, wǒ xiān gēn jiārén shāngliang yíxià.
马 小军： 嗯，这样 吧，我 先 跟 家人 商量 一下。

lǚxíngshè：Hǎo de, yǒu wèntí dehuà, nín zài liánxì wǒ.
旅行社： 好的，有 问题 的话，您 再 联系 我。

听后练习 Exercises

一、请听第一遍课文，选择正确答案。

　1.D　2.C　3.B

二、请听第二遍课文，判断对错。

　1.√　2.×　3.√　4.×　5.√　6.×

三、请听第三遍课文，回答问题。

1. 马小军打算假期和父母一起去云南旅游。

2. 可以去昆明，滇池、石林的景色美丽，能看到少数民族表演。然后，可以去大理和丽江，或者去西双版纳。

3. 马小军主要咨询了旅游路线、日程、吃住标准、价格等方面的问题。

4. 马小军要先跟家人商量一下再决定。

课文二　祝您旅行愉快！　11-3

（Lǚxíng qián de jǐ tiān, Mǎ Xiǎojūn jiēdào dǎoyóu de diànhuà.）
（旅行 前 的 几 天，马 小军 接到 导游 的 电话。）

导游： 您好！您是马小军先生吧？我是畅游旅行社的。今天给您打电话，主要是想给您一些出发前的提醒。

马小军： 好的，请讲。

导游： 第一，就是一定得带好身份证，不然住宾馆会有麻烦。第二，最好穿运动鞋。另外，咱们这次要去的一些地方海拔比较高，比如玉龙雪山，要注意安全，可以准备一点儿药。

马小军： 好的，谢谢提醒。那我们后天直接到机场集合就可以吗？

dǎoyóu： Duì, hòutiān zǎoshang wǒ qī diǎn zhǔnshí dào jīchǎng. Wǒ huì jǔzhe yí gè
导游： 对，后天早上我七点准时到机场。我会举着一个

xiězhe "Chàngyóu Lǚxíngshè" de xiǎo hóngqí, dàjiā zhǎodào wǒ, ránhòu děng
写着"畅游旅行社"的小红旗，大家找到我，然后等

hángbān qǐfēi jiù kěyǐ le.
航班起飞就可以了。

Mǎ Xiǎojūn：Nín guìxìng?
马小军： 您贵姓？

dǎoyóu： Jiào wǒ Xiǎo Jīn jiù xíng. Wǒ de shǒujī hàomǎ nín jì yíxià, 15677885599.
导游： 叫我小金就行。我的手机号码您记一下，15677885599。

Mǎ Xiǎojūn：Hǎo de, jì xialai le. Nǐ huì yìzhí dài wǒmen dào Yúnnán ma?
马小军： 好的，记下来了。你会一直带我们到云南吗？

dǎoyóu： Wǒ zhǐ fùzé dàjiā xiànzài de fúwù. Dàjiā chéngzuò fēijī dào Kūnmíng hòu,
导游： 我只负责大家现在的服务。大家乘坐飞机到昆明后，

huì yǒu qítā dǎoyóu zhuānmén fùzé dàjiā zài Yúnnán de lǚxíng. Tā de liánxì
会有其他导游专门负责大家在云南的旅行。他的联系

fāngshì, wǒ huì duǎnxìn tōngzhī nín. Zhù nín lǚxíng yúkuài!
方式，我会短信通知您。祝您旅行愉快！

Mǎ Xiǎojūn：Hǎo de, xièxie!
马小军： 好的，谢谢！

听后练习 Exercises

一、请听第一遍课文，选择正确答案。

1. C 2. A 3. A

二、请听第二遍课文，回答问题。

1. 第一，带好身份证。第二，最好穿运动鞋。另外，因为要去一些海拔比

较高的地方，所以要注意安全，可以准备一点儿药。

2. 导游会举着一个写着"畅游旅行社"的小红旗。

3. 到昆明后会有其他导游专门负责大家云南的旅行。

三、请听第三遍课文，边听边记，并朗读写好的句子。

1. 提醒
2. 麻烦
3. 集合
4. 航班
5. 负责

挑战一下吧　Challenge yourself  11-5

一、选择正确答案。

1. 男：快放暑假了，我打算去青岛，还有小军和李白。你想跟我们一起去吗？
   女：青岛，我还没去过。不过，那里是我最想去的地方，景色美丽，还有那么多好吃的。我要跟你们一起去！
   问：女的是什么意思？　　　　　　　　　　（A）

2. 女：这次去昆明，咱们自己去怎么样？
   男：自己去？要自己找路线，自己订酒店，自己找饭馆，感觉好麻烦！我看，还是跟着旅行社方便。
   问：男的是什么意思？　　　　　　　　　　（D）

3. 男：后天你去云南，行李都准备好了吗？
   女：就带了几件衣服和两双鞋，大多是开会的材料。这次去，不是去旅行，没有时间出去逛。
   问：女的是什么意思？　　　　　　　　　　（C）

4. 女：您好！请问有什么可以帮您？
   男：前两天我电话订了两个标准间，不过不好意思，因为我们的计划变了，去不了了，所以我想退掉房间。
   问：男的是什么意思？　　　　　　　　　　　　　　　　（C）

5. 男：我们旅行社的这条云南旅游路线是非常好的，旅游的景点多，住四星级酒店，饭菜干净，导游也很专业。
   女：就是价格能再便宜一些就好了。我还是再考虑一下吧。
   问：女的是什么意思？　　　　　　　　　　　　　　　　（A）

6. 女：看我收拾了这么多行李，咱们得换个大行李箱了。
   男：啊？这也太多了吧？咱们是去旅游，又不是搬家。
   女：不过你看，三个人的衣服要带，鞋子要带，感冒药得带，还有吃的和孩子喜欢玩儿的玩具，好像都要带着。
   男：我看啊，就带几件衣服，再带上足够的钱就可以了。
   问：男的是什么意思？　　　　　　　　　　　　　　　　（A）

7. 男：您好！是李小姐吗？我是畅游旅行社的。
   女：你好！我正打算给你们打电话呢！我想知道我们的飞机到北京以后，有没有人等我们。
   男：我正要跟您说这个问题。您放心，有专门的导游会负责您在北京的旅行。
   女：这样我就放心了。
   问：下面哪个正确？　　　　　　　　　　　　　　　　　（C）

8. 女：大家好！我是大家在上海旅行的导游，小李！很高兴为大家服务。现在请大家先跟我乘坐汽车，去宾馆办手续。
   男：请问，咱们的宾馆离这儿有多远？
   女：开车大概40分钟。大家可以先在车上休息一下，下车后我们办好手续，会在酒店吃晚饭。
   男：那晚饭后还有别的安排吗？
   问：下面哪个正确？　　　　　　　　　　　　　　　　　（A）

9. 男：你好！是导游小李吗？我今天突然有些不舒服，明天的活动我恐怕参加不了了。

   女：您是哪儿不舒服？感冒发烧，还是肚子疼？

   男：只是有些头疼，可能是有些感冒。我想明天休息一下，不参加大家的活动了。

   女：可以。您在宾馆好好儿休息，如果感觉好一点儿了，也可以在附近转一转。有问题，请给我打电话。

   问：下面哪个正确？　　　　　　　　　　　（C）

10. 女：你们这次去上海玩儿得怎么样？

    男：挺不错，旅行社的安排很棒！吃、住、玩儿都很舒服。看了风景，吃了美食，还去有名的公园好好儿玩儿了一天。

    女：我看到你手机上的照片了，感觉你们玩儿得很开心啊。

    男：那些只是照片，我还想把上海旅行的事儿写一写呢，明后两天你就能看到了。

    问：关于男的，我们可以知道什么？　　　　（A）

第十二课　爱情的味道

Lesson 12　The taste of love

课文一　爱就勇敢说出来　　12-1

（Zhāng Méng gēn Mǎ Xiǎojūn dǎ zhāohu.）
（　张萌　跟马小军　打招呼。）

Zhāng Méng：Xiǎojūn, nǐ zuìjìn zěnme le? Kàn nǐ yìzhí méi jīngshen.
张萌：　　　小军，你最近怎么了？看你一直没精神。

Mǎ Xiǎojūn：Wǒ shīliàn le, zuìjìn xīnqíng hěn chà.
马小军：　　我失恋了，最近心情很差。

Zhāng Méng：Á? Nǐ shénme shíhou tán liàn'ài le, wǒ zěnme dōu bù zhīdào?
张萌：　　　啊？你什么时候谈恋爱了，我怎么都不知道？

Mǎ Xiǎojūn：Shì a, qíshí dōu bù néng shuō shì shīliàn, àiqíng hái méi kāishǐ jiù jiéshù
马小军：　　是啊，其实都不能说是失恋，爱情还没开始就结束
　　　　　　le. Zhēn hòuhuǐ méi zǎo yìdiǎnr biǎobái.
　　　　　　了。真后悔没早一点儿表白。

Zhāng Méng：Wǒ lǐjiě nǐ de xīnqíng, rúguǒ nǐ juéde shuō chulai shūfu diǎnr dehuà,
张萌：　　　我理解你的心情，如果你觉得说出来舒服点儿的话，
　　　　　　jiù gēn wǒ shuōshuo ba.
　　　　　　就跟我说说吧。

Mǎ Xiǎojūn：Tā jiào Hé Qīng, rén hěn yōuxiù, wǒ yìzhí hěn xǐhuan tā. Kěshì qián liǎng
马小军：　　她叫何清，人很优秀，我一直很喜欢她。可是前两
　　　　　　tiān tā péngyouquān fāle yìzhāng tā hé nánpéngyou de héyǐng, tā wǎnzhe
　　　　　　天她朋友圈发了一张她和男朋友的合影，她挽着

那个男孩儿的胳膊，有点儿害羞，笑得很开心。真难过，我知道自己没机会了。

张萌： 你不要总是在宿舍里，出来走走，心情也会好起来。

马小军： 有一部电影说从失恋里面走出来，最少也要一个月。

张萌： 等等，你说的是这个何清吗？（给马小军看手机照片）

马小军： 你认识她？

张萌： 是啊，以前和我们一起上课。你确定你在朋友圈里面看到的是她的男朋友吗？我知道她有个哥哥。

马小军： 就是说，我还有希望！

张萌： 快对她表白吧，别放弃，给自己一个机会，爱就勇敢说出来。

听后练习 Exercises

一、请听第一遍课文，选择正确答案。

1. A   2. C   3. D

二、请听第二遍课文，判断对错。

1. √   2. ×   3. ×   4. √

三、请听第三遍课文，回答问题。

1. 他失恋了。

2. 因为他没有向喜欢的女孩表白。

3. 因为他在朋友圈里看到了何清和她男朋友的合影。

4. 因为张萌说照片里的不一定是何清的男朋友。

课文二　恋爱先生　12-3

（Mǎ Xiǎojūn hé Zhāng Méng zài liáotiānr.）
（马小军 和 张萌 在聊天儿。）

Zhāng Méng：Xiǎojūn, wǒ zuìjìn kànle yí bù diànshìjù, jiào《Liàn'ài Xiānsheng》, lǐmiàn
张　萌：　小军，我最近看了一部电视剧，叫《恋爱　先生》，里面

shuōle hěn duō liàn'ài fāngfǎ, nǐ kěyǐ xuéxí yíxià.
说了很多恋爱方法，你可以学习一下。

Mǎ Xiǎojūn：Zhēn de jiǎ de? Zhēn yǒu rén zǒngjié liàn'ài fāngfǎ a? Nǐ shuōshuo kàn,
马小军：　真的假的？真有人总结恋爱方法啊？你说说看，

dōu yǒu nǎxiē fāngfǎ?
都有哪些方法？

Zhāng Méng：Bǐrú dì-yī cì hé nǚháizi yuēhuì, yīnggāi zuò shénme, shuō shénme.
张　萌：　比如第一次和女孩子约会，应该做什么、说什么。

Mǎ Xiǎojūn：Zhè hěn yǒu yòng, wǒ yuēle Hé Qīng xiàzhōu yìqǐ chī fàn, zhēn dānxīn zìjǐ
马小军：　这很有用，我约了何清下周一起吃饭，真担心自己

录音文本及参考答案
Recording Script and Answer Key

会紧张得一身汗，一句话也说不出来。

张萌：根据"恋爱先生"的经验，邀请女生吃饭前要提前做好准备，比如了解餐厅的特色菜，这样在女生点菜的时候可以给她一些建议。

马小军：我想，到时候一定要比她提前到，迟到会让人讨厌。

张萌：女生就座的时候，可以帮她拉好椅子。点菜的时候，问问女生有什么特别喜欢吃的菜，这些都会让她觉得你很细心，会给她留下一个好印象。

马小军：吃饭的时候，聊什么比较好？

张萌：如果感觉她不好意思说话，就找些有趣的话题，比如聊聊美食、爱好。如果她很喜欢聊天儿，那就多听她说，千万别自己说个不停。

马小军：这么多方法啊，我越听越紧张了。

Zhāng Méng: Bié dānxīn, yídìng huì hěn shùnlì de.

张萌： 别 担心，一定 会 很 顺利 的。

听后练习 Exercises

一、请听第一遍课文，选择正确答案。

1. C 2. D 3. D

二、请听第二遍课文，回答问题。

1. 因为这部电视剧里面讲了很多恋爱方法，马小军可以学习一下。

2. 要提前做好准备，比如了解餐厅的特色菜。

3. 女生就座的时候，帮她拉好椅子。点菜的时候，问问女生有什么特别喜欢吃的菜。这些都会让女生留下好印象。

三、请听第三遍课文，边听边记，并朗读写好的句子。

1. 电视剧

2. 提前

3. 话题

挑战一下吧 Challenge yourself   12-5

一、选择正确答案。

1. 男：你觉得大学和高中有什么不同？
   女：上大学的时候，要好好学习，也要谈一场恋爱。
   问：女的是什么意思？　　　　　　　　　　（A）

2. 女：别难过，失恋没什么大不了的，你一定会找到真爱的。
   男：我很羡慕小王，他长得帅，人也很有意思，女生们都很喜欢他。
   问：关于这段对话，我们可以知道什么？　　（A）

3. 男：明天是我第一次约会，有什么需要注意的吗？

女：第一次和女孩子约会，细心会给她留下好印象。
问：女的是什么意思？　　　　　　　　　　（D）

4. 女：我也不小了，为什么到现在还是一个人？
   男：不管别人怎么说，要相信自己一定会遇到真爱。
   问：男的是什么意思？　　　　　　　　　　（C）

5. 男：你觉得第一次约会聊点儿什么比较好？
   女：聊些有趣的话题，比如美食，没有人不喜欢美食。
   问：女的是什么意思？　　　　　　　　　　（D）

6. 女：明天是我老公生日，你说送什么礼物好。
   男：你自己做的礼物，他会更喜欢。
   女：那做一个生日蛋糕给他。
   男：你真厉害！自己会做生日蛋糕。
   问：女的会准备什么生日礼物？　　　　　　（C）

7. 男：我要请女朋友吃饭，有推荐的餐厅吗？
   女：学校附近有家餐厅不错，环境很浪漫。
   男：我也听说过，平时去的人很多。
   女：你一定会喜欢的。
   问：男的打算干什么？　　　　　　　　　　（D）

8. 女：最近很少看到你，你怎么了？
   男：我失恋了，最近心情很差。
   女：你不要一直在宿舍里，出来走走，心情也会好起来。
   男：别担心，时间会解决一切。
   问：男的是什么意思？　　　　　　　　　　（D）

9. 男：电影晚上7点开始，下了班再去不晚吧？
   女：应该不晚。
   男：但是那时候堵车很严重，出租车也不好打。

女：不用担心，我们坐地铁去，很快的。

问：男的担心什么？　　　　　　　　　　　（A）

10. 女：你猜我今天收拾房间的时候找到什么了？

男：找到钱了？

女：是我们结婚前的一张照片。

男：是哪张啊？给我看看。

问：他们是什么关系？　　　　　　　　　　（A）

第十三课 课外生活
Lesson 13　Life outside the classroom

课文一　期待你的节目　🔊 13-1

（Mǎ Xiǎojūn zài xiàoyuán li pèngdàole Lǐ Bái.）
（马小军在校园里碰到了李白。）

马小军 Mǎ Xiǎojūn: Lǐ Bái! Zhè liǎng tiān zài máng shénme?
李白！这两天在忙什么？

李白 Lǐ Bái: Xià xiàzhōu shì wénhuàjié, zhè jǐ tiān zhèng mángzhe zhǔnbèi jiémù.
下下周是文化节，这几天正忙着准备节目。

马小军 Mǎ Xiǎojūn: Wǒ hái jìde qùnián de wénhuàjié shang, nǐ yìbiān tán gāngqín, yìbiān chàng 《Yuèliang Dàibiǎo Wǒ De Xīn》, xiàoguǒ tèbié bàng! Guānzhòngmen dōu bèi nǐ de gē gǎndòng le.
我还记得去年的文化节上，你一边弹钢琴，一边唱《月亮代表我的心》，效果特别棒！观众们都被你的歌感动了。

李白 Lǐ Bái: Nǎli nǎli, wǒ de pǔtōnghuà bú nàme dìdao, tèbié méiyǒu zìxìn.
哪里哪里，我的普通话不那么地道，特别没有自信。

马小军 Mǎ Xiǎojūn: Nǐ tài qiānxū le. Zhè cì dǎsuàn biǎoyǎn shénme?
你太谦虚了。这次打算表演什么？

李白 Lǐ Bái: Wǒ dǎsuàn biǎoyǎn yí ge xiǎopǐn, kěyǐ liànxí Hànyǔ, hái néng chàng zhōngwéngē. Zhège xūyào hǎohāor de zhǔnbèi, búguò hái méi shèjì hǎo,
我打算表演一个小品，可以练习汉语，还能唱中文歌。这个需要好好儿地准备，不过还没设计好，

zhēn dānxīn shíjiān láibují le.
真 担心 时间 来不及 了。

Mǎ Xiǎojūn: Méi wèntí. Xiāngxìn nǐ yòu huì gěi dàjiā dàilai jīngxǐ, qīdài nǐ de jiémù.
马小军: 没问题。相信 你又会给大家带来惊喜，期待 你的节目。

Lǐ Bái: Duō xiè! Duì le, nǐ ne, yě biǎoyǎn ba?
李白: 多谢！对了，你呢，也 表演 吧？

Mǎ Xiǎojūn: Shìde, wǒ xiǎng gēn yí gè tóngxué shuō xiàngsheng.
马小军: 是的，我 想 跟一个同学 说 相声。

Lǐ Bái: Xiàngsheng! Shì shàng cì nǐ dài wǒ qù Jǐnán Cháguǎn kàn de nà zhǒng
李白: 相声！是 上次你带我去济南 茶馆 看的那种

fēicháng yōumò de biǎoyǎn ma?
非常 幽默的 表演 吗？

Mǎ Xiǎojūn: Duì, wǒmen zuìhòu hái zhǔnbèile cāi míyǔ yóuxì, yǒu jiǎngpǐn.
马小军: 对，我们 最后 还 准备了猜 谜语 游戏， 有 奖品。

Lǐ Bái: Tài hǎo le! Tíqián ràng wǒ tīngting nǐ de xiàngsheng, zěnmeyàng?
李白: 太好了！提前 让 我 听听 你的 相声， 怎么样？

Mǎ Xiǎojūn: Zhège ma, zànshí bǎomì.
马小军: 这个嘛，暂时 保密。

听后练习 Exercises

一、请听第一遍课文，选择正确答案。

1. A　2. C　3. A

二、请听第二遍课文，判断对错。

1. ×　2. ×　3. ×　4. √　5. ×　6. √

三、请听第三遍课文，回答问题。

1. 下下周是文化节。

2. 李白参加过文化节。去年的文化节上,李白一边弹钢琴,一边唱了《月亮代表我的心》。

3. 李白打算表演一个小品。

4. 马小军想跟一个同学说个相声。

课文二　八成新小冰箱　　13-3

（Xīngqītiān, Mǎ Xiǎojūn zài Lǐ Bái de sùshè li kàn zúqiú bǐsài.）
（星期天,马小军在李白的宿舍里看足球比赛。）

Mǎ Xiǎojūn: Zhēn rè a, rúguǒ xiànzài néng chīshang jǐ kǒu bīngqīlín, duōme liángkuai a.
马小军：真热啊,如果现在能吃上几口冰淇淋,多么凉快啊。

Lǐ Bái: Wǒ bīngxiāng li yǒu a, wǒ qù gěi nǐ ná.
李白：我冰箱里有啊,我去给你拿。

Mǎ Xiǎojūn: Nǐ de èrshǒu bīngxiāng, mǎidào le ma?
马小军：你的二手冰箱,买到了吗?

Lǐ Bái: Mǎidào le. Qián jǐ tiān wǒ yìzhí zhùyì sùshèlóu xia de guǎnggào, shàngmiàn de mǎi-mài xìnxī hái zhēn bù shǎo. Wǒ kàndàole yì tiáo, shàngmiàn xiězhe: "Wǒ mǎshàng huíguó, xiǎng màidiào yì tái bāchéng xīn xiǎo bīngxiāng, xūyào de tóngxué qǐng hé wǒ liánxì." Shàngmiàn yǒu zhàopiàn, wǒ yí kàn tǐng xǐhuan de, jiù liánxì shang le tā.
李白：买到了。前几天我一直注意宿舍楼下的广告,上面的买卖信息还真不少。我看到了一条,上面写着:"我马上回国,想卖掉一台八成新小冰箱,需要的同学请和我联系。"上面有照片,我一看挺喜欢的,就联系上了她。

Mǎ Xiǎojūn: Bīngxiāng zěnmeyàng?
马小军：冰箱怎么样?

李白： 还可以，冰箱用得很仔细，十分干净，大小也合适。

马小军： 你多少钱买的？

李白： 六百块。

马小军： 不便宜呢，没让她降低点儿价格吗？

李白： 我一看是个女孩子，就没好意思。

马小军： 哈哈，是这样。对了，再过两天，学校毕业生会举办跳蚤市场。

李白： 什么市场？

马小军： 就是一个毕业生的二手市场。他们会把一些用过的还比较新的，但不想带走的东西拿出来卖掉。书啊，生活用品啊会比较多。去年我就买到一个小风扇，价格便宜，质量也不错。我把它挂在床上，用着还挺凉快的。

Lǐ Bái： Tīng qilai búcuò, wǒ yě yào qù kànkan.

李白： 听起来不错，我也要去看看。

听后练习 Exercises

一、请听第一遍课文，选择正确答案。

1. A　2. A　3. B

二、请听第二遍课文，回答问题。

1. 是个二手冰箱，不过挺不错的，有八成新，十分干净，大小也合适。
2. 二手冰箱的广告是这样写的："我马上回国，想卖掉一台八成新小冰箱，需要的同学请和我联系。"
3. 六百块。因为卖冰箱的是个女孩子，他没好意思讲价。
4. 跳蚤市场一般会卖一些用过的但还比较新的，毕业生不想带走的东西。书和生活用品会比较多。
5. 他买过一个小风扇。

三、请听第三遍课文，边听边记，并朗读写好的句子。

1. 凉快
2. 注意
3. 卖掉
4. 仔细
5. 举办

挑战一下吧　Challenge yourself　13-5

一、选择正确答案。

1. 男：下周五要举办文化节，你能表演个节目吗？
   女：我是挺想的，正好可以认识一下新同学。不过，我那天有个英语考试。
   问：女的是什么意思？　　　　　　　　（C）

2. 女：今天你唱的中文歌实在太好听了！声音好，发音地道，效果特别棒！观众们都被你感动了！

   男：哪里，我还差得远呢。不过我真是挺喜欢唱中文歌的，打算多学几个。

   问：男的是什么意思？　　　　　　　　　　　　　　（B）

3. 男：学校有个唱歌社团，咱们去试试吧？

   女：你没问题，去的话应该能选上。我还是算了吧，我一开口，观众们都跑了。

   问：女的是什么意思？　　　　　　　　　　　　　　（C）

4. 女：最近天气突然这么冷，宿舍里的空调也不能用。

   男：空调不能用吗？我房间里的好好儿的呀！你快找师傅帮你看看。

   问：下面哪个正确？　　　　　　　　　　　　　　　（D）

5. 男：这个学期又来了两个同学，他们这两天要去买个手机，不然跟别人联系起来太不方便了。

   女：在中国时间不长的话，可以去二手市场买个旧手机用。我刚买了一部，你看，还不错吧！

   问：女的是什么意思？　　　　　　　　　　　　　　（D）

6. 女：昨天一个朋友带我去看了相声。

   男：是去的济南茶馆吗？

   女：是。我是第一次去，也是第一次听相声。两个表演的人你说一句，他说一句，真有意思！

   男：是，相声不仅幽默，往往也能让人想到一些社会问题。

   问：下面哪个正确？　　　　　　　　　　　　　　　（D）

7. 男：明天才演出，怎么我现在就开始紧张了？

   女：紧张什么呀？都练习这么久了，你的节目已经很好了。

   男：还是担心，也没大有自信。

   女：放心吧，没问题的。今天好好儿休息，祝你成功！

   问：关于男的，我们可以知道什么？　　　　　　　　（A）

8. 女：你快来看，这儿有个卖二手自行车的广告。"我马上就要毕业了，有二手自行车一辆，红色，八成新。需要的同学可以和我联系。"

   男：你不是正要买一辆自行车吗？

   女：就是呢。你看还有照片，看着挺好。

   男：这儿有电话，咱们现在就跟他联系联系。

   问：下面哪个正确？　　　　　　　　　　　　　（D）

9. 男：听说校园里这两天有跳蚤市场，咱们一起去看看吧。

   女：好啊！去年我去逛过，书比较多，还有不少生活用品，卖衣服的也挺多。

   男：是啊，我去年在一个中国同学那儿买了一张大大的中国地图，价格不高。你说，等咱们毕业的时候，能卖点儿什么？

   女：我的东西本来就不多，最多的就是书了。不过那些我学过、看过的汉语书还真不想卖掉。

   问：下面哪个正确？　　　　　　　　　　　　　（C）

10. 女：听说明天的艺术节有你的节目。

    男：是啊，压力好大！我担心我的普通话说得不够流利。

    女：不会有问题的。你的汉语已经很标准、很地道了。期待你演出成功！

    男：谢谢！我也希望一切顺利！

    问：下面哪个正确？　　　　　　　　　　　　　（D）

第十四课 | 健康的生活方式

Lesson 14　　A healthy lifestyle

课文一　别当"夜猫子"　🔊 14-1

（Xiàkè líng xiǎng le.）
（下课铃响了。）

Wáng Yǔ: Hǎo, tóngxuémen, wǒmen xiān xiūxi yíxià. Lǐ Bái, jīntiān shàngkè zěnme
王语：　好，同学们，我们先休息一下。李白，今天上课怎么

zhème méi jīngshen? Shēngbìng le ma?
这么没精神？生病了吗？

Lǐ Bái: Wáng lǎoshī, zhēn bù hǎoyìsi, wǒ zuótiān áoyè le.
李白：　王老师，真不好意思，我昨天熬夜了。

Wáng Yǔ: Zěnme yòu áoyè le? Zhǔnbèi kǎoshì ma?
王语：　怎么又熬夜了？准备考试吗？

Lǐ Bái: Bú shì. Wǒ zuìjìn zài wánr yí gè shǒujī yóuxì, fēicháng hǎowánr. Měi tiān
李白：　不是。我最近在玩儿一个手机游戏，非常好玩儿。每天

wǒ dōu wánr dào wǎnshang yī-liǎng diǎn.
我都玩儿到晚上一两点。

Wáng Yǔ: Nǐ zhēn shì gè "yèmāozi"! Zhè wǒ jiù yào pīpíng nǐ le, kēxuéjiā shuō, áoyè、
王语：　你真是个"夜猫子"！这我就要批评你了，科学家说，熬夜、

chōu yān hé hē jiǔ shì shēntǐ de sān dà "shāshǒu". Jīngcháng áoyè duì yǎnjing、
抽烟和喝酒是身体的三大"杀手"。经常熬夜对眼睛、

pífū hé dànǎo dōu bù hǎo, shènzhì huì zēngjiā dé xīnzàngbìng de fēngxiǎn.
皮肤和大脑都不好，甚至会增加得心脏病的风险。

178

录音文本及参考答案
Recording Script and Answer Key

Lǐ Bái： Tīng nín zhème yì shuō, wǒ zhēn bùgǎn zài áoyè le. Búguò lǎoshī, wǒ wǎnshang
李白： 听您这么一说，我真不敢再熬夜了。不过老师，我晚上

yìdiǎnr yě bú kùn, yǒu shíhou shènzhì yuè dào wǎnshang yuè yǒu jīngshen.
一点儿也不困，有时候甚至越到晚上越有精神。

Wáng Yǔ： Yīnwèi wǎn shuì yǐjīng biànchéng nǐ de huài xíguàn le. Zài gàosu nǐ yí gè
王语： 因为晚睡已经变成你的坏习惯了。再告诉你一个

xiāoxī, kēxuéjiā fāxiàn, cháng shíjiān quēshǎo shuìmián de rén, sǐwáng fēngxiǎn
消息，科学家发现，长时间缺少睡眠的人，死亡风险

dàyuē shì pǔtōng rén de liǎng bèi. Lǐ Bái, nǐ zhè shì zài ná zìjǐ de shēngmìng
大约是普通人的两倍。李白，你这是在拿自己的生命

wánr yóuxì a.
玩儿游戏啊。

Lǐ Bái： Tiān na! Cóng jīntiān kāishǐ, wǒ yào shí diǎn zhǔnshí shuìjiào.
李白： 天哪！从今天开始，我要十点准时睡觉。

Wáng Yǔ： Hāhā, xīwàng nǐ néng shuōdào zuòdào.
王语： 哈哈，希望你能说到做到。

听后练习 Exercises

一、请听第一遍课文，选择正确答案。

1. D 2. B 3. C

二、请听第二遍课文，判断对错。

1. × 2. √ 3. √ 4. √

三、请听第三遍课文，回答问题。

1. "夜猫子"说的是喜欢熬夜的人。

2. 熬夜对眼睛、皮肤和大脑不好，还会增加得心脏病的风险。

3. 长时间缺少睡眠的人，死亡风险大约是普通人的两倍。

4. 李白打算十点准时睡觉。

课文二 越活越年轻 14-3

(Mǐ Xuě hé línjū Wáng āyí zài liáotiānr.)
(米雪 和 邻居 王 阿姨 在 聊天儿。)

Wáng āyí: Mǐ Xuě, chī fàn le ma?
王 阿姨：米雪，吃饭了吗？

Mǐ Xuě: Wáng āyí, wǒ gāng chīwán, nín ne?
米雪： 王 阿姨，我 刚 吃完，您呢？

Wáng āyí: Wǒ yě gāng chīwán, chūlai tiàotiao wǔ.
王 阿姨：我 也 刚 吃完，出来 跳跳 舞。

Mǐ Xuě: Nín qù qiánmiàn de guǎngchǎng tiàowǔ ma? Gāng kāishǐ, wǒ yǐwéi āyímen
米雪： 您去 前面 的 广场 跳舞吗？ 刚 开始，我以为阿姨们

zhǐshì ǒu'ěr chūlai huódòng yíxià, méi xiǎngdào měi tiān wǎnshang dōu néng
只是偶尔出来 活动 一下，没 想到 每天 晚上 都 能

kàndào āyímen zài guǎngchǎng shang tiàowǔ.
看到阿姨们在 广场 上 跳舞。

Wáng āyí: Shì a, zhè jiù shì zuìjìn hěn liúxíng de guǎngchǎngwǔ. Duì wǒmen zhèxiē
王 阿姨：是啊，这就是最近很流行的 广场舞。 对 我们 这些

lǎoniánrén lái shuō, guǎngchǎngwǔ jì néng duànliàn shēntǐ, yòu néng fēngfù
老年人来 说， 广场舞 既能 锻炼 身体，又能 丰富

wǒmen de lǎonián shēnghuó.
我们 的 老年 生活。

Mǐ Xuě: Tiào guǎngchǎngwǔ de āyímen shēntǐ dōu tèbié jiànkāng, zhēn shì yuè huó yuè
米雪： 跳 广场舞 的阿姨们身体都特别 健康，真 是 越 活 越

niánqīng.
年轻。

王阿姨：我们年纪大了，不能像你们年轻人一样总是去健身房锻炼身体。我们得选择适合老年人的锻炼方式，例如太极拳、广场舞这样的运动，动作简单，容易记。

米雪：王阿姨，听您这么一说，我也想和您一起跳广场舞了。

王阿姨：太好了，没问题啊！走，咱们一起跳舞去！

听后练习 Exercises

一、请听第一遍课文，选择正确答案。

1. C 2. B 3. A

二、请听第二遍课文，回答问题。

1. "广场舞"是在广场上跳的舞，在老年人中非常流行。

2. 对老年人来说，跳广场舞既能锻炼身体，又能丰富生活。

3. 老年人应该选择适合他们的锻炼方式，例如太极拳、广场舞这样的运动，动作简单，容易记。

三、请听第三遍课文，边听边记，并朗读写好的句子。

1. 偶尔 2. 流行 3. 动作

挑战一下吧 Challenge yourself  14-5

一、选择正确答案。

1. 男：这儿环境不错，空气很新鲜，周围也很安静。
   女：对，您可以多住几天，好好休息一下，对您的身体有好处。
   问：女的希望男的怎么样？　　　　　　　　　　　（B）

2. 女：你生病了？怎么看起来精神不太好？
   男：没有，昨天晚上熬夜工作，两点才睡觉。
   问：男的怎么了？　　　　　　　　　　　　　　（C）

3. 男：你的病就是因为太累了，回去多休息，不用吃药就能好。
   女：谢谢您，我以后一定注意，会早点儿睡觉。
   问：他们可能在哪儿？　　　　　　　　　　　　（D）

4. 女：晚上有什么安排吗？咱们去跳舞吧，好久没运动了。
   男：可以啊，我吃完饭给你发微信。
   问：他们晚上有什么安排？　　　　　　　　　　（A）

5. 男：听说这家四川火锅非常好吃，咱们去试试？
   女：我最近肚子不舒服，不能吃太辣的，过几天再说吧。
   问：女的是什么意思？　　　　　　　　　　　　（B）

6. 女：我感冒了，有点儿不舒服，你有药吗？
   男：我找找，最近空气不好，你一定要多喝水，少吃太辣、太咸的东西。给你，这个药的效果很好。
   女：谢谢，你也要注意身体，千万别像我一样生病了。
   男：放心吧，我每天都锻炼，身体一直很好。
   问：下面哪个正确？　　　　　　　　　　　　　（B）

7. 男：王阿姨，您是不是每天都去广场跳舞啊？我妈妈也想去。
   女：好啊，我带她一起去吧，你妈妈早就应该参加了。

男：谢谢您！我这就告诉她，您一般几点到广场？

女：差不多七点吧，我下楼的时候叫她。

问：女的在哪儿跳舞？　　　　　　　　　　（C）

8. 女：听说你最近在学太极拳，怎么样？

   男：我本来以为很轻松，学起来才发现真的很累。

   女：加油，只要你坚持练，慢慢就能适应了，而且身体会越来越好。

   男：谢谢，我也打算坚持练下去。

   问：女的是什么意思？　　　　　　　　　（D）

9. 男：你不是喜欢吃冰淇淋吗？今天怎么吃得这么少？

   女：我最近在减肥，不能吃太多甜的东西。

   男：你不胖啊，减什么肥啊。不过冬天还是少吃冰淇淋，对身体没好处。

   女：是啊，我还是多喝点儿水吧。

   问：女的为什么不吃冰淇淋？　　　　　　（A）

10. 女：来济南这么久了，你还没习惯这儿的天气？

    男：没办法，我从小就容易生病。

    女：那你要注意身体，最近温度变化很大。

    男：我知道，谢谢你的提醒，我会每天看天气预报，注意增加衣服。

    问：关于男的，下面哪个正确？　　　　　（B）

第十五课 不做低头族
Lesson 15　Don't be a phubber

课文一　放下手机，好好儿说话　15-1

（Lǐ Bái hé Mǐ Xuě zài liáotiānr.）
（李白和米雪在聊天儿。）

Lǐ Bái: Mǐ Xuě, nǐ kàn qilai tǐng máng de, wǒ xiān zǒu le.
李白：米雪，你看起来挺忙的，我先走了。

Mǐ Xuě: Wǒ bù máng a. Zánmen cái gāng jiànmiàn, nǐ bié zǒu a!
米雪：我不忙啊。咱们才刚见面，你别走啊！

Lǐ Bái: Cóng zánmen jiànmiàn dào xiànzài, nǐ yìzhí zài kàn shǒujī, tóu dōu méiyǒu tái
李白：从咱们见面到现在，你一直在看手机，头都没有抬

qilai guo.
起来过。

Mǐ Xuě: Duìbuqǐ, wǒ xiàng nǐ dàoqiàn! Shì Mǎ Xiǎojūn zài QQ shang yǒu shì wèn wǒ,
米雪：对不起，我向你道歉！是马小军在QQ上有事问我，

wǒ guāng mángzhe hé tā shuōhuà le.
我光忙着和他说话了。

Lǐ Bái: Méi guānxi, wǒ gēn nǐ kāi wánxiào ne. Búguò, zuìjìn wǒ chángcháng huáiyí,
李白：没关系，我跟你开玩笑呢。不过，最近我常常怀疑，

wǒmen zhēn de huì shǐyòng shǒujī ma? Tā běnlái shì wèile bāngzhù dàjiā jiāoliú
我们真的会使用手机吗？它本来是为了帮助大家交流

de, kěshì xiànzài yīnwèi yǒule shǒujī, wǒmen lián hǎohāor shuōhuà dōu zuò
的，可是现在因为有了手机，我们连好好儿说话都做

bu dào le.
不到了。

米雪: Quèshí shì zhèyàng. Wǒ zài cāntīng li cháng kàndào yǒu rén miànduìmiàn wánr shǒujī, zhèyàng jíshǐ jiànle miàn, yòu yǒu shénme yìsi ne? Yǒu shíhou wǒmen zhēn yīnggāi cóng wǎngluò shìjiè li xǐng guolai, fàngxia shǒujī, hǎohāor shuōhuà.
米雪: 确实是这样。我在餐厅里常看到有人面对面玩儿手机，这样即使见了面，又有什么意思呢？有时候我们真应该从网络世界里醒过来，放下手机，好好儿说话。

李白: Shuō de duì! Búguò, Xiǎojūn zhǎo nǐ yǒu shénme jí shì ma?
李白: 说得对！不过，小军找你有什么急事吗？

米雪: Méi shénme jí shì, tā shì xiǎng wèn yǒu shénme hǎowánr de shǒujī yóuxì shìhé jùhuì shí wánr.
米雪: 没什么急事，他是想问有什么好玩儿的手机游戏适合聚会时玩儿。

李白: Jùhuì shí wánr shǒujī yóuxì?
李白: 聚会时玩儿手机游戏？

米雪: Xiànzài yǒu yì zhǒng shǒujī ruǎnjiàn, dàjiā kěyǐ yòng tā yìqǐ cāi míyǔ, zuò yóuxì.
米雪: 现在有一种手机软件，大家可以用它一起猜谜语，做游戏。

李白: Tīng qilai hěn yǒu yìsi! Wǒ zuì pà jùhuì de shíhou dàjiā wúliáo le. Nǐ kuài gěi wǒ jiǎngjiang, yīnggāi zěnme wánr?
李白: 听起来很有意思！我最怕聚会的时候大家无聊了。你快给我讲讲，应该怎么玩儿？

听后练习 Exercises

一、请听第一遍课文，选择正确答案。

1. C 2. C 3. D

二、请听第二遍课文，判断对错。

1. √ 2. √ 3. × 4. √

三、请听第三遍课文，回答问题。

1. 李白想跟米雪聊天儿，可是米雪一直在看手机。
2. 没有，他在跟米雪开玩笑。
3. 我们应该放下手机，好好说话。
4. 李白对聚会时玩儿的手机游戏很感兴趣。

课文二 专门给低头族的路 15-3

（Zhāng Méng zài jiàoxuélóu de zǒuláng li yùjiànle Mǎ Xiǎojūn.）
（ 张萌 在教学楼的走廊里遇见了马小军。）

Zhāng Méng：Xiǎojūn? Mǎ Xiǎojūn!
张 萌： 小军？马小军！

Mǎ Xiǎojūn：À, Zhāng Méng a, nǐ jīntiān yǒu kè?
马小军： 啊， 张萌 啊，你今天有课？

Zhāng Méng：Shìde. Nǐ zěnme zǒulù yìzhí dītóu kàn shǒujī?
张 萌： 是的。你怎么走路一直低头看手机？

Mǎ Xiǎojūn：Wǒ zài kàn xīnwén.
马小军： 我在看新闻。

Zhāng Méng：Zhèyàng hěn wēixiǎn. Zhèli jùlí lóutīkǒu nàme jìn, wànyī nǐ bù xiǎoxīn
张 萌： 这样 很 危险。这里距离楼梯口那么近，万一你不小心

shuāidǎo le, zěnme bàn?
摔倒了，怎么办？

录音文本及参考答案
Recording Script and Answer Key

Mǎ Xiǎojūn / 马小军： Nǐ kàn, zhè tiáo xīnwén jiǎng de jiù shì zài Xī'ān yì jiā shāngchǎng de rùkǒu, yǒu yì tiáo zhuānmén gěi dītóuzú de lù, tā ràng rénmen néng yìbiān zǒulù, yìbiān fàngxīn de wánr shǒujī.
你看，这条新闻讲的就是在西安一家商场的入口，有一条专门给低头族的路，它让人们能一边走路，一边放心地玩儿手机。

Zhāng Méng / 张萌： Zhè tài qíguài le ba, nándào tāmen shì juéde xiànzài dītóuzú hái búgòu duō ma? Shāngchǎng yīnggāi zuò de shì jíshí tíxǐng dàjiā: rén zǒuzài lù shang, xīn bù gāi fàngzài shǒujī shang, tái tóu kàn lù cái shì duì zìjǐ hé biérén de ānquán fùzé.
这太奇怪了吧，难道他们是觉得现在低头族还不够多吗？商场应该做的是及时提醒大家：人走在路上，心不该放在手机上，抬头看路才是对自己和别人的安全负责。

Mǎ Xiǎojūn / 马小军： Hǎo ba, wǒmen quèshí yīnggāi bú kàn shǒujī, hǎohāor zǒulù. Búguò, jìrán xiànzài dītóuzú yuèláiyuè duō, yǒu zhèyàng yì tiáo lù bǎohù tāmen de ānquán, bú shì hěn hǎo ma?
好吧，我们确实应该不看手机，好好儿走路。不过，既然现在低头族越来越多，有这样一条路保护他们的安全，不是很好吗？

Zhāng Méng / 张萌： Zhè shì liǎnghuíshì. Rúguǒ yǒule zhèyàng yì tiáo lù, huì ràng dàjiā yǐwéi yìbiān zǒulù yìbiān kàn shǒujī shì duì de.
这是两回事。如果有了这样一条路，会让大家以为一边走路一边看手机是对的。

Mǎ Xiǎojūn / 马小军： Wǒmen kěyǐ wènwen dàjiā de yìjiàn, kànkan zhīchí de rén duō háishi fǎnduì
我们可以问问大家的意见，看看支持的人多还是反对

187

de rén duō.
的人多。

Zhāng Méng: Hǎo a, wǒ tóngyì.
张萌： 好啊，我同意。

听后练习 Exercises

一、请听第一遍课文，选择正确答案。

1. A　2. A　3. C

二、请听第二遍课文，回答问题。

1. 低头族是那些总是低头玩儿手机的人。
2. 她觉得商场应该告诉大家要好好走路，不要总是低头玩儿手机。
3. 不同意。他觉得有这样一条路可以保护低头族的安全。

三、请听第三遍课文，边听边记，并朗读写好的句子。

1. 危险　万一
2. 及时
3. 意见　支持　反对

挑战一下吧　Challenge yourself　15-5

一、选择正确答案。

1. 男：你别整天光看手机，作业做完了吗？
   女：我跟朋友聊完天儿就去。
   问：女的在做什么？　　　　　　　　　　（D）

2. 女：你怎么又这么晚才来？
   男：你别生气，是我不好，我向你道歉。
   问：男的会说什么？　　　　　　　　　　（A）

3. 男：听说昨天你的学生从楼梯上摔下去受伤了？
   女：是啊，不过大夫说送医院很及时，已经没什么大问题了。
   问：学生怎么了？　　　　　　　　　　　　（B）

4. 女：你不是去看电影了吗？怎么这么快就回来了？
   男：那电影太无聊了，我实在看不下去。
   问：电影怎么样？　　　　　　　　　　　　（A）

5. 男：您好！我是小王，您哪位？
   女：小王，现在我家门口有一个人走来走去，我感觉他不是好人，怎么办？
   问：女的现在对门外的人是什么态度？　　　（B）

6. 女：你说我穿哪一件衣服最好看？
   男：都好看。
   女：你好好儿看看我行吗？从进来到现在，你就一直低着头。
   男：网上有人等着我玩儿游戏呢。
   问：男的在干什么？　　　　　　　　　　　（C）

7. 男：你怎么走路都不抬头呢？
   女：有个朋友在网上问我一些事情。
   男：别光低头看手机，小心看路。
   女：知道了。
   问：男的担心女的怎么样？　　　　　　　　（A）

8. 女：你看到我的手机了吗？
   男：没有，怎么了？
   女：我有部电视剧看了一半，想接着看完呢。
   男：你再到处找找。
   问：女的在找什么？　　　　　　　　　　　（C）

9. 男：你对路上的低头族怎么看？
   女：我觉得他们这样不对。

男：为什么这么说？

女：因为人走在路上，心不应该放在手机上。

问：女的是什么意思？　　　　　　　　　　　（A）

10. 女：怎么回事？你怎么才来？

男：我光玩儿手机了，忘了我们要去看电影。

女：明天的面试你可千万别忘了，对你来说很重要。

男：好的，我一定早一点儿到。

问：男的明天去做什么？　　　　　　　　　　（C）

第十六课 | 时间管理

Lesson 16　　Time management

课文一　我们都有拖延症　🔊 16-1

（Mǎ Xiǎojūn hé Lǐ Bái zài wǎng shang liáotiānr.）
（马小军和李白在网上聊天儿。）

Lǐ Bái: Xiǎojūn, dōu kuài qīmò kǎoshì le, nǐ zěnme hái zài shàngwǎng?
李白：小军，都快期末考试了，你怎么还在上网？

Mǎ Xiǎojūn: Nǐ bú shì yě yíyàng ma? Dú-xiěkè de zuòyè jiāo le ma?
马小军：你不是也一样吗？读写课的作业交了吗？

Lǐ Bái: Hái méi ne. Míngtiān jiù shì zuìhòu yì tiān le, wǒ zhǔnbèi jīntiān wǎnshang
李白：还没呢。明天就是最后一天了，我准备今天晚上

bú shuìjiào bǎ tā xiě chulai, fǒuzé jiù zhēn láibují le.
不睡觉把它写出来，否则就真来不及了。

Mǎ Xiǎojūn: Nǐ shàng cì shuō yào xiě zuòyè de shíhou shì yí gè yuè qián, zěnme yí gè
马小军：你上次说要写作业的时候是一个月前，怎么一个

yuè dōu méi xiě chulai?
月都没写出来？

Lǐ Bái: Kāishǐ wǒ juéde shíjiān hái hěn duō, jiù xiān wánrle jǐ tiān.
李白：开始我觉得时间还很多，就先玩儿了几天。

Mǎ Xiǎojūn: Zhè hěn zhèngcháng.
马小军：这很正常。

Lǐ Bái: Hòulái shàngkè wènle qítā tóngxué, fāxiàn yǒude tóngxué yě méi xiě, yúshì
李白：后来上课问了其他同学，发现有的同学也没写，于是

wǒ yě bù zháojí le.
我也不着急了。

Mǎ Xiǎojūn: Nǐ zhè xuéxí tàidù jiù bù jījí.
马小军： 你这学习态度就不积极。

Lǐ Bái: Jiēzhe jiù shì Shèngdàn Jié, wǒ mángzhe hé tóngxué, péngyou jùhuì, zìrán
李白： 接着就是圣诞节，我忙着和同学、朋友聚会，自然

yòu wǎng hòu tuōle liǎng tiān. Děng wǒ xiǎng qilai, yǐjīng shì bàn gè xiǎoshí
又往后拖了两天。等我想起来，已经是半个小时

yǐqián le.
以前了。

Mǎ Xiǎojūn: Wǒ míngbai le, nǐ zhè shì yǒu tuōyánzhèng a.
马小军： 我明白了，你这是有拖延症啊。

Lǐ Bái: Tuōyánzhèng shì shénme yìsi?
李白： 拖延症是什么意思？

Mǎ Xiǎojūn: Jiù shì bǎ běnlái néng zuòwán de shìqing gùyì tuōzhe bú zuò, yídìng yào
马小军： 就是把本来能做完的事情故意拖着不做，一定要

děngdào zuìhòu yì tiān cái zuò. Zhè shì zhǒng bù hǎo de xíguàn, shènzhì shì
等到最后一天才做。这是种不好的习惯，甚至是

yì zhǒng bìng.
一种病。

Lǐ Bái: Nǐ shuō de tài duì le, wǒ jiù shì yǒu tuōyánzhèng, kěxī yìzhí gǎi bu
李白： 你说得太对了，我就是有拖延症，可惜一直改不

liǎo. Duì le, zhème wǎn le, nǐ zài gàn shénme ne?
了。对了，这么晚了，你在干什么呢？

Mǎ Xiǎojūn: Wǒ zài xiě fānyìkè de zuòyè ne.
马小军： 我在写翻译课的作业呢。

Lǐ Bái: Nǐ jìngrán yě zài gǎn zuòyè, bú huì yě yào míngtiān jiāo ba?
李白：你竟然也在赶作业，不会也要明天交吧？

Mǎ Xiǎojūn: Bú shì, shì jīntiān, wǒ yǒu xìnxīn wǎnshang shí'èr diǎn yǐqián jiāoshang.
马小军：不是，是今天，我有信心晚上十二点以前交上。

听后练习 Exercises

一、请听第一遍课文，选择正确答案。

1. B 2. C 3. C

二、请听第二遍课文，判断对错。

1. √ 2. × 3. √ 4. ×

三、请听第三遍课文，回答问题。

1. 一个月前。

2. 李白的学习态度不积极。

3. 拖延症是把本来能做完的事情故意拖着不做，一定要等到最后一天才做。

4. 马小军在忙着写翻译课的作业。

课文二　聊聊拖延症　🔊 16-3

(Lǐ Sīqí, Mǐ Xuě hé Wáng Yǔ zài kāfēitīng.)
(李思齐、米雪和王语在咖啡厅。)

Lǐ Sīqí: Xiànzài tuōyánzhèng chéngle yì zhǒng liúxíngbìng, dàjiā pǔbiàn dōu bǎ shìqing tuōdào zuìhòu yì fēnzhōng cái zuò. Wǒ juéde wǒ yě yǒu zhè zhǒng bìng, bìng de hái tǐng lìhai de.
李思齐：现在拖延症成了一种流行病，大家普遍都把事情拖到最后一分钟才做。我觉得我也有这种病，病得还挺厉害的。

王语：那我跟你说句实话，你别不爱听。我觉得拖延症只是一个借口，把一种坏习惯说成是病，好像这样的人很可怜，需要被同情一样。

李思齐：那你觉得我应该怎么办？

王语：别总想着推迟应该做的事，任何工作都要马上开始。要知道，拖到最后只会弄得自己难受，别人也难受。

米雪：我不这么认为。我觉得有拖延症并不是不负责任，人们只是选择了不同的工作方式。

李思齐：为什么这么说呢？

米雪：我来说说我是怎么完成一项任务的。在接受任务的时候，我会先看一遍要求，包括最后要完成的时间。接着，我就开始考虑。这时候我看起来什么也

méi zuò, qíshí wǒ yìzhí zài xiǎng zěnme bǎ shìqing zuòhǎo. Zuìhòu, wǒ huì
没做，其实我一直在 想 怎么把事情 做好。最后，我会

yòng hěn duǎn de shíjiān bǎ tā zuòwán.
用 很 短 的时间把它做完。

Wáng Yǔ: Hǎo ba, wǒ tóngyì měi gè rén dōu yǒu shìhé zìjǐ de gōngzuò fāngshì. Búguò,
王语：好吧，我 同意每个人都 有适合自己的 工作 方式。不过，

wǒ xiǎng dà bùfen rén huì yuè tuō yālì yuè dà.
我 想 大部分人会越拖压力 越大。

Lǐ Sīqí: Hǎo la, wǒ shì gǎnjué nǐmen yuè shuō wǒ yālì yuè dà, zánmen liáo diǎnr bié
李思齐：好啦，我是 感觉你们 越 说 我压力越大，咱们 聊点儿别

de ba.
的吧。

听后练习 Exercises

一、请听第一遍课文，选择正确答案。

1. C 2. B 3. C

二、请听第二遍课文，回答问题。

1. 别总想着推迟应该做的事，任何工作都要马上开始。

2. 在接受任务的时候，她会先看一遍要求，包括最后要完成的时间。接着开始考虑。最后，她会用很短的时间把它做完。

3. 不可以，因为大部分人会越拖压力越大。

三、请听第三遍课文，边听边记，并朗读写好的句子。

1. 实话
2. 推迟
3. 责任

挑战一下吧 Challenge yourself 16-5

一、选择正确答案。

1. 男：听说假期你去旅行了，怎么样？
   女：景色很美，当地的美食也不错，只是可惜忘带相机了。
   问：旅行怎么样？　　　　　　　　　　　（D）

2. 女：这个孩子这么小就没有了父母，太可怜了。
   男：是啊，我们能为他做点儿什么呢？
   问：他们对孩子是什么态度？　　　　　　（A）

3. 男：你身体哪儿不舒服？
   女：我也不知道，总觉得心里不舒服，想哭，还睡不好觉。
   问：女的怎么了？　　　　　　　　　　　（C）

4. 女：真对不起，我这次没带作业，我昨天写完忘在桌子上了。
   男：没关系，知道你不是故意的，明天带来就可以了。
   问：男的是什么意思？　　　　　　　　　（B）

5. 男：我们几点开始开会？
   女：下午两点，不过现在出了一点儿小问题，可能推迟一个半小时。
   问：几点开始开会？　　　　　　　　　　（D）

6. 女：李老师，这几篇文章我什么时候交给您？
   男：不着急，你过两天再给我吧。
   女：请您告诉我一个最后的时间吧，不然我一定不能准时交。
   男：那就下周吧，最晚别拖过周二。
   问：应该什么时候交文章？　　　　　　　（B）

7. 男：你的作业做完了吗？
   女：快了。
   男：你写了多少了？

女：我一个字也没写，最后一天再说吧。

问：女的是什么意思？　　　　　　　　　（D）

8. 女：你怎么还没开始写作业？

　　男：我虽然还没写，可是我一直在想问题。

　　女：有些事想起来容易，写起来才会发现很不容易。

　　男：每个人都有自己的学习方式。

　　问：女的是什么意思？　　　　　　　　（D）

9. 男：我要去图书馆，你去不去？

　　女：我有点儿累，不去了。你顺便帮我还了这本书吧。

　　男：你才看了一半吧。

　　女：太难了，越拖越不想看，算了吧。

　　问：下面哪个正确？　　　　　　　　　（C）

10. 女：你对拖延症有什么看法？

　　男：我觉得这是一类人的习惯。

　　女：我觉得这样不好，他们完全不能管理时间。

　　男：只要能做完就可以了，每个人做事情的方法不一样。

　　问：男的是什么意思？　　　　　　　　（A）

生词表

Vocabulary

A

哎	āi	hey	6
爱情	àiqíng	love (between lovers)	12
按时	ànshí	on time	7
按照	ànzhào	according to	4
熬夜	áo//yè	to stay up late	14

B

八成	bāchéng	eighty percent	13
百分之百	bǎi fēn zhī bǎi	one hundred percent	3
办理	bànlǐ	to handle, to transact	6
半天	bàntiān	quite a while	4
包括	bāokuò	to include	16
保护	bǎohù	to protect	8
保密	bǎo//mì	to keep sth. secret	13
保修期	bǎoxiūqī	warranty period	2
倍	bèi	times (*used in comparisons*)	14
本来	běnlái	originally, at first	4
鼻子	bízi	nose	8
毕业生	bìyèshēng	graduate	13
标准	biāozhǔn	standard	11
表白	biǎobái	to confess one's love	12
表格	biǎogé	form (official document)	5
表演	biǎoyǎn	performance, show	11
冰淇淋	bīngqílín	ice cream	13
饼干	bǐnggān	cookie	5
不用	búyòng	need not	3
不得不	bùdébù	to have to	4
不管	bùguǎn	no matter (what, etc.)	6
不好意思	bù hǎoyìsi	I'm sorry	1
不仅	bùjǐn	not only	4
不然	bùrán	otherwise	3
布老虎	bùlǎohǔ	cloth tiger	5
部	bù	*a measure word for films, novels, etc.*	12

C

材料	cáiliào	material, data, document	6
采访	cǎifǎng	to interview	8
餐厅	cāntīng	restaurant	3
餐桌	cānzhuō	dining table	1
尝	cháng	to taste, to try the flavor of	3
常	cháng	often	15
场	chǎng	*a measure word for performances, etc.*	11
畅游旅行社	Chàngyóu Lǚxíngshè	Changyou Travel Agency	11
成员	chéngyuán	member	10
乘坐	chéngzuò	to take (a vehicle), to travel by	11

橙汁	chéngzhī	orange juice	3
重新	chóngxīn	again, anew	4
宠物	chǒngwù	pet	10
抽烟	chōu yān	to smoke	14
出现	chūxiàn	to appear	2
传说	chuánshuō	legend	9
传统	chuántǒng	traditional	9
窗	chuāng	window	3
窗口	chuāngkǒu	window	6
刺绣	cìxiù	embroidery	5
粗心	cūxīn	careless	4
存	cún	to deposit	6

D

达人	dárén	talent, expert	1
打扰	dǎrǎo	to disturb	10
打招呼	dǎ zhāohu	to say hello	12
大概	dàgài	probably	1
大理	Dàlǐ	Dali, an autonomous prefecture of Yunnan Province	11
大脑	dànǎo	brain	14
大约	dàyuē	about, approximately	14
代表	dàibiǎo	to represent, to stand for	5
到处	dàochù	everywhere	10
道歉	dào//qiàn	to apologize	15
得意	déyì	complacent	7
低头族	dītóuzú	phubber (phone + snubber)	15
滴	dī	a measure word for drops of water	8

地道	dìdao	authentic	3
地球	dìqiú	earth	8
地图	dìtú	map	1
滇池	Diān Chí	Dian Lake	11
电视剧	diànshìjù	TV drama	12
电梯	diàntī	elevator	4
电子邮箱	diànzǐ yóuxiāng	email	4
掉	diào	to shed, to lose	10
动物	dòngwù	animal	10
动作	dòngzuò	movement	14
堵车	dǔ//chē	to be stuck in traffic	8
对面	duìmiàn	opposite side	6
对手	duìshǒu	opponent, rival	7
对于	duìyú	to, for	7
多么	duōme	how, indeed	13

E

儿童	értóng	children	1

F

翻译	fānyì	to translate	16
反对	fǎnduì	to oppose	15
方法	fāngfǎ	way, method	4
方面	fāngmiàn	aspect	7
放弃	fàngqì	to give up	12
放暑假	fàng shǔjià	to have a summer vacation	11
放心	fàng//xīn	to be at ease	2
费	fèi	fee	6
分析	fēnxī	to analyze	3
份	fèn	a measure word for gifts, etc.	5
丰富	fēngfù	rich, plentiful	7
风扇	fēngshàn	electric fan	13

生词表
Vocabulary

风俗	fēngsú	custom	9
风速	fēngsù	wind speed	2
风险	fēngxiǎn	risk	14
封	fēng	*a measure word for letters and emails*	4
否则	fǒuzé	otherwise, or else	16
付款	fù kuǎn	to pay a sum of money	6
负责	fùzé	to be responsible for	10
复杂	fùzá	complicated	6

G

敢	gǎn	to dare (to)	14
感动	gǎndòng	to move (sb.), to affect (sb.)	13
感人	gǎnrén	moving, touching	9
感谢	gǎnxiè	to thank	4
工厂	gōngchǎng	factory	8
购物	gòu wù	to go shopping	1
故意	gùyì	intentional	16
顾客	gùkè	shopper, customer	2
挂	guà	to hang (sth.)	1
关键	guānjiàn	key, crucial part	5
观众	guānzhòng	audience	13
管理	guǎnlǐ	to manage, to administer	16
光	guāng	only, merely	15
光临	guānglín	to come (to a shop, restaurant, etc.), to patronize	2
广场	guǎngchǎng	square (in a city or town)	14
广告	guǎnggào	advertisement	13
逛街	guàng jiē	to go shopping	9
贵姓	guìxìng	(*honorific*) surname	11
果汁	guǒzhī	(fruit) juice	3
过程	guòchéng	process	6
过节	guò//jié	to celebrate a festival	9
过年	guò//nián	to celebrate the Spring Festival	9

H

海拔	hǎibá	altitude	11
害羞	hài//xiū	shy, timid	12
汗	hàn	sweat	12
航班	hángbān	flight	11
合影	héyǐng	group photo	12
何清	Hé Qīng	He Qing, a person's name	12
后悔	hòuhuǐ	to regret	12
互联网	hùliánwǎng	Internet	4
话题	huàtí	topic	12
怀疑	huáiyí	to doubt, to suspect	15
环保	huánbǎo	environmental protection	8

J

积极	jījí	positive, active	16
机器	jīqì	machine	2
及时	jíshí	in time	15
即使	jíshǐ	even if	15
集合	jíhé	to gather, to assemble	11
济南茶馆	Jǐnán Cháguǎn	Jinan Teahouse	13
记者	jìzhě	journalist	7
既然	jìrán	now that, since	9
既……又……	jì…yòu…	both... and...	2

201

寄	jì	to send (by mail)	1
家电	jiādiàn	home appliances	1
家具	jiājù	furniture	1
家用电器	jiāyòng diànqì	home appliances	2
价格	jiàgé	price	1
价钱	jiàqián	price	2
减肥	jiǎn//féi	to lose weight	3
健身房	jiànshēnfáng	gym	14
奖学金	jiǎngxuéjīn	scholarship	5
降低	jiàngdī	to lower, to reduce	13
降价	jiàng//jià	to reduce the price	2
郊区	jiāoqū	suburbs	8
接受	jiēshòu	to accept	5
接着	jiēzhe	then, after that	16
节约	jiéyuē	to economize, to save	8
借口	jièkǒu	excuse (not the true reason)	16
尽管	jǐnguǎn	although	6
京剧	jīngjù	Peking opera	7
惊喜	jīngxǐ	(pleasant) surprise	13
精彩	jīngcǎi	excellent, wonderful	7
景色	jǐngsè	scenery, view	11
竟然	jìngrán	*indicating unexpectedness*	16
举	jǔ	to lift, to hold up	11
举行	jǔxíng	to hold (a meeting, activity, etc.)	7
距离	jùlí	to be at a distance from	15
聚会	jùhuì	to get together	15

K

咖啡厅	kāfēitīng	café, coffee house	16
开玩笑	kāi wánxiào	to crack a joke	15
开心	kāixīn	happy, glad	5
开学	kāi//xué	term begins	9
考虑	kǎolǜ	to consider	5
烤鸭	kǎoyā	roast duck	3
烤鱼	kǎoyú	roast fish	3
靠	kào	to be close/next to	3
科学	kēxué	science	10
棵	kē	*a measure word for plants*	8
可怜	kělián	poor, pitiful	16
可惜	kěxī	regrettable	16
客气	kèqi	polite	5
客人	kèrén	guest, client	11
空气	kōngqì	air	8
恐怕	kǒngpà	probably, I'm afraid that...	3
口	kǒu	(*a measure word for food*) mouthful	13
款	kuǎn	kind, type	2
昆明	Kūnmíng	Kunming, capital of Yunnan Province	11
困	kùn	sleepy	14

L

拉	lā	to pull	12
垃圾	lājī	rubbish	8
垃圾桶	lājītǒng	dustbin	8

生词表
Vocabulary

啦	la	*a modal particle used at the end of a sentence to indicate advice, dissuasion, etc.*	16
来不及	láibují	to be too late (to do sth.)	13
浪漫	làngmàn	romantic	9
老虎	lǎohǔ	tiger	5
乐乐	Lèle	Lele, a person's name	7
礼	lǐ	gift, present	5
礼拜天	lǐbàitiān	Sunday	4
礼轻情意重	lǐ qīng qíngyì zhòng	It's not the gift that counts, but the thought behind it	5
理解	lǐjiě	to understand	12
丽江	Lìjiāng	Lijiang, a city of Yunnan Province	11
例如	lìrú	to take... for example	14
连	lián	even	4
恋人	liànrén	lover	9
凉快	liángkuai	cool	13
两回事	liǎnghuíshì	two entirely different things	15
林燕	Lín Yàn	Lin Yan, a person's name	7
邻居	línjū	neighbor	10
另外	lìngwài	moreover, besides	2
留	liú	to leave (behind)	1
留下	liúxia	to leave (behind)	12
流行	liúxíng	to be popular	14
楼梯	lóutī	stairs	15
路线	lùxiàn	route, itinerary	11
旅行社	lǚxíngshè	travel agency	11

M

麻烦	máfan	to trouble, to bother	2
麻婆豆腐	mápódòufu	Mapo Tofu	3
毛	máo	hair	10
美丽	měilì	beautiful	9
谜语	míyǔ	riddle	13
密码	mìmǎ	password	4
免费	miǎn//fèi	to be free of charge	2
面对面	miànduìmiàn	face to face	15
民族	mínzú	nationality, ethnic group	11
模特儿	mótèr	(fashion) model	1
木头	mùtou	wood	5

N

耐心	nàixīn	patient	5
难道	nándào	could it be that...	15
难受	nánshòu	uncomfortable	16
能力	nénglì	ability	10
年货	niánhuò	special purchases for the Spring Festival	9
年纪	niánjì	age	14
牛郎	Niúláng	Cowherd (in the legend "The Cowherd and the Weaver Girl")	9
牛仔裤	niúzǎikù	jeans	1
农历	nónglì	lunar calendar	9
弄	nòng	to make, to cause	16

203

女孩儿	nǚháir	girl	1
女生	nǚshēng	girl	12

O

偶尔	ǒu'ěr	occasionally	14

P

拍照	pāi//zhào	to take a photo	9
牌子	páizi	brand	1
派	pài	to send, to assign	2
培养	péiyǎng	to develop, to cultivate	10
朋友圈	péngyouquān	WeChat Moments, a social networking function	12
皮肤	pífū	skin	14
篇	piān	a measure word for papers, articles...	9
骗	piàn	to cheat, to con	6
品种	pǐnzhǒng	breed, variety	10
葡萄	pútao	grape	3
葡萄汁	pútaozhī	grape juice	3

Q

七夕	qīxī	Chinese Valentine's Day, the seventh day of the seventh lunar month	9
期待	qīdài	to look forward to	13
期末	qīmò	end of a term	16
旗	qí	flag	11
起飞	qǐfēi	(of a plane) to take off	11
汽车	qìchē	car	5
千万	qiānwàn	to be sure to	4
谦虚	qiānxū	modest	13
轻	qīng	light, not heavy	5
情人节	Qíngrén Jié	Valentine's Day	9
穷	qióng	poor, poverty-stricken	5
区别	qūbié	difference	9
取款机	qǔkuǎnjī	ATM	6
缺少	quēshǎo	to lack	14
却	què	but, yet	6
确定	quèdìng	to be sure	12

R

任务	rènwu	mission	7
扔	rēng	to throw (away)	8
仍然	réngrán	still, yet	8
日	rì	day	9
日程	rìchéng	schedule	11
入口	rùkǒu	entrance	15
软件	ruǎnjiàn	software	15

S

散步	sàn//bù	to go for a walk	10
森林	sēnlín	forest	8
杀手	shāshǒu	killer	14
商量	shāngliang	to discuss, to consult	11
稍微	shāowēi	slightly	6
少数	shǎoshù	minority	11
少数民族	shǎoshù mínzú	minority ethnic group	11
设计	shèjì	to design, to plan, to plot	13
社团	shètuán	association, club	7
身	shēn	body	12

生词表
Vocabulary

身份证	shēnfènzhèng	ID card	6
甚至	shènzhì	even	14
生命	shēngmìng	life	14
圣诞节	Shèngdàn Jié	Christmas	16
剩	shèng	to be left over, to remain	6
失恋	shī//liàn	to be disappointed in a love affair	12
师傅	shīfu	(honorific) worker	2
十分	shífēn	very, extremely	5
石林	Shílín	Stone Forest	11
时代	shídài	era, age	9
实话	shíhuà	truth	16
实际	shíjì	actual, practical	10
实践	shíjiàn	to practice	7
实在	shízài	really, indeed	4
使用	shǐyòng	to use	15
首先	shǒuxiān	first	11
售后服务	shòuhòu fúwù	after-sales service	2
输	shū	to lose	7
输入	shūrù	to input	6
熟悉	shúxī	to be familiar with	5
摔	shuāi	to fall, to tumble	15
睡眠	shuìmián	sleep	2
顺便	shùnbiàn	by the way, in passing	6
顺利	shùnlì	smooth, successful	12
说明	shuōmíng	to explain	5
死亡	sǐwáng	to die	14
四星级	sì xīngjí	four-star	11
速度	sùdù	speed	4
塑料袋	sùliàodài	plastic bag	8
酸	suān	sour	3
算了	suànle	to forget it, to drop it	3
随便	suíbiàn	casually, randomly	6

T

抬	tái	to lift, to raise	15
态度	tàidù	attitude	16
泰国	Tàiguó	Thailand	5
谈	tán	to talk, to discuss	8
弹钢琴	tán gāngqín	to play the piano	13
糖果	tángguǒ	candy	5
讨厌	tǎo//yàn	hateful, annoying	12
特点	tèdiǎn	characteristic, trait	10
特色	tèsè	characteristic, distinctive feature	5
疼	téng	to ache	3
提	tí	to mention	4
提供	tígōng	to provide	2
提前	tíqián	(to do sth.) in advance	12
提醒	tíxǐng	to remind	6
题目	tímù	title	9
体育	tǐyù	physical education, sport	7
挑选	tiāoxuǎn	to choose	1
条件	tiáojiàn	condition	10
调皮	tiáopí	naughty	10
跳蚤市场	tiàozao shìchǎng	flea market	13

205

通知	tōngzhī	notice	5
同情	tóngqíng	to sympathize, to feel pity for	16
头	tóu	head	15
推迟	tuīchí	to delay, to put off	16
退货	tuì//huò	to return goods	1
拖	tuō	to delay	16
拖延症	tuōyánzhèng	procrastination	16

W

玩具	wánjù	toy	5
万一	wànyī	in case	15
网购	wǎnggòu	to shop online	1
网络	wǎngluò	network, Internet	4
网球	wǎngqiú	tennis	7
网速	wǎngsù	Internet speed	4
网页	wǎngyè	web page	4
网址	wǎngzhǐ	URL, website	1
往往	wǎngwǎng	always, usually	11
危险	wēixiǎn	dangerous	15
围棋	wéiqí	Go (game)	7
味道	wèidào	smell	1
温度	wēndù	temperature	2
文章	wénzhāng	article, essay	9
污染	wūrǎn	to pollute	8
无聊	wúliáo	bored	15
无论	wúlùn	no matter (what, how, whether, etc.)	4

X

西方	Xīfāng	the West	9
西双版纳	Xīshuāngbǎnnà	Xishuangbanna, an autonomous prefecture of Yunnan Province	11
下课	xià//kè	to finish class	10
先生	xiānsheng	sir, Mr	3
咸	xián	salty	3
消化	xiāohuà	to digest	3
小金	Xiǎo Jīn	Xiao Jin, a person's name	11
小品	xiǎopǐn	short sketch, skit	13
效果	xiàoguǒ	effect	13
响	xiǎng	noisy	2
项	xiàng	a measure word for items, jobs, etc.	16
相声	xiàngsheng	crosstalk	13
象	xiàng	elephant	5
橡皮	xiàngpí	eraser	1
心脏病	xīnzàngbìng	heart disease	14
信封	xìnfēng	envelope	1
信息	xìnxī	information	6
信心	xìnxīn	confidence	16
醒	xǐng	to wake up	15
修理	xiūlǐ	to fix, to repair	2
许多	xǔduō	many	7
学期	xuéqī	semester	7

Y

牙膏	yágāo	toothpaste	1
研究	yánjiū	to research	10
演出	yǎnchū	performance, show	7
养	yǎng	to keep, to raise	10
养成	yǎngchéng	to develop, to cultivate, to form	8
邀请	yāoqǐng	to invite	12
要是	yàoshi	if, supposing	1

生词表
Vocabulary

也许	yěxǔ	perhaps	9
业务	yèwù	business, transaction	6
叶子	yèzi	leaf	8
夜猫子	yèmāozi	night owl	14
一日之计在于晨	yí rì zhī jì zàiyú chén	The whole day's work depends on a good start in the morning	3
以为	yǐwéi	to think, to suppose	14
艺术	yìshù	art	7
意见	yìjiàn	opinion	15
引起	yǐnqǐ	to cause, to give rise to	8
印象	yìnxiàng	impression	12
迎接	yíngjiē	to welcome	10
赢	yíng	to win	7
勇敢	yǒnggǎn	brave	12
用品	yòngpǐn	articles (of daily use)	13
优点	yōudiǎn	advantage, merit	5
幽默	yōumò	humorous	13
邮件	yóujiàn	mail	4
尤其	yóuqí	especially	9
游戏	yóuxì	game	7
有用	yǒu yòng	to be useful	12
于是	yúshì	hence, as a result	16
愉快	yúkuài	pleasant	11
羽毛球	yǔmáoqiú	badminton	1
羽毛球拍	yǔmáoqiúpāi	badminton racket	1
语法	yǔfǎ	grammar	1
玉龙雪山	Yùlóng Xuěshān	Yulong Snow Mountain	11
预防针	yùfángzhēn	vaccine	10
约会	yuēhuì	to be on a date	12
云	yún	cloud	8
云南	Yúnnán	Yunnan Province	11

Z

暂时	zànshí	temporary, for the time being	13
脏	zāng	dirty	1
责任	zérèn	responsibility	16
责任心	zérènxīn	sense of responsibility	10
增加	zēngjiā	to increase	14
长大	zhǎngdà	to grow up	10
折扇	zhéshàn	folding fan	5
这些	zhèxiē	these	10
正常	zhèngcháng	normal	2
正好	zhènghǎo	(of time, position, size, amount, degree, etc.) just right	3
政府	zhèngfǔ	government	8
证明	zhèngmíng	to prove	10
支持	zhīchí	to support	15
织女	Zhīnǚ	Weaver Girl (in the legend "The Cowherd and the Weaver Girl")	9
直接	zhíjiē	direct	11
值得	zhídé	to deserve, to be worth	11
植物	zhíwù	plant	8
至少	zhìshǎo	at least	9
治理	zhìlǐ	to govern, to manage	8
中国结	zhōngguójié	Chinese knot	5

重视	zhòngshì	to pay attention to	8		桌	zhuō	table, desk	11
周围	zhōuwéi	surrounding	7		资料	zīliào	material, data	4
注意力	zhùyìlì	attention	7		仔细	zǐxì	carefully	10
祝	zhù	to wish (sb. sth.)	11		自然	zìrán	naturally	16
抓伤	zhuāshāng	to scratch and hurt (sb.)	10		自信	zìxìn	self-confidence	13
专门	zhuānmén	specially	1		总	zǒng	always	16
转	zhuàn	to go around, to stroll	8		总结	zǒngjié	to summarize	12
装修	zhuāngxiū	to decorate, to fit out (a house)	3		走廊	zǒuláng	corridor	15
准时	zhǔnshí	on time	11		作为	zuòwéi	to regard as	9
					座位	zuòwèi	seat	3